小・中学生の
スポーツ栄養ガイド

スポーツ食育プログラム

監修／**公益財団法人 日本体育協会**
　　　樋口　満 早稲田大学 スポーツ科学学術院 名誉教授

編／**こばたてるみ** 株式会社しょくスポーツ 代表取締役
　　木村典代 高崎健康福祉大学 教授
　　青野　博 日本体育協会 スポーツ科学研究室 室長代理

女子栄養大学出版部

はじめに

いま、なぜ「スポーツ食育」か?

早稲田大学 スポーツ科学学術院 名誉教授　樋口 満

　子どもたちは、からだを思いきり動かして遊ぶことが大好きです。仲間たちとの遊びは、楽しく心おどる経験ですし、スポーツそのものが、その"遊び"の中から発展してきたものです。スポーツをすれば、のどが渇くので水を飲み、おなかもすくので食事をおいしくとることができます。また、勝ってうれしい、負けてくやしいという感情が自然に生まれ、勝利へ向けて努力するようになります。

　子どもたちが自由に野山を駆けまわり、空き地や路地裏で遊ぶような生活環境がほとんどなくなってきた今日では、スポーツが子どもたちの日々の生活に組み込まれていくことで、健全な心身の発達が促され、仲間をつくり、自然や社会のルールを学ぶ機会が得られるなどといった好ましい状況が生まれる可能性があります。

　一方、偏った栄養摂取や朝食欠食といった、子どもたちの食生活の乱れや肥満の増加が、近年、指摘されています。成長期の子どもにとって、健全な食生活は、心身の健康と将来の望ましい食習慣の形成、あるいは将来の生活習慣病やメタボリックシンドロームの予防という点からも、最重要の課題といえるでしょう。ただ残念なことに、子どもたちにとっても、若い親御さんにとっても、それはまだ先のことであり、それほど深刻に受け止められていないのが現状です。いま、「食育」が注目されていますが、その重要性を理解し、意識化して実践へと導いていくことは、容易なことではありません。

子どものみならず大人も含めて、「食育」は、日常生活に密着し、継続的に行われてこそ、成果が期待できると考えられます。さらにいえば、子どもの健全な発達には「食育（栄養指導）」と「体育（スポーツ指導）」の両方が不可欠です。しかしこれまで、両者はそれぞれが分離した形で行われ、相互の指導効果を充分に発揮することができませんでした。

　今日、管理栄養士・栄養士を中心として、アスリートに対する栄養・食事管理としての「スポーツ栄養」に対する関心が高まっています。なかでも必要とされているのは、スポーツを始めた子どもに対する適切な食事指導です。平成17年度には、食育基本法制定と時を同じくして、栄養教諭制度も始まりました。当然のことながら、学校教育の現場で、栄養教諭が行う「食」に関する指導（食育）の具体的内容には、偏食傾向や肥満傾向の子どもに対する個別指導が含まれています。それに加えて、スポーツをする子どもに対する個別の指導も含まれ、さらには学校ばかりでなく、地域においても、子どもたちの親も参加して行われる「スポーツをする子どもに対する食育（スポーツ食育）」が端緒についたばかりです。

　このような背景と視点から、私たちは「スポーツ食育プログラム」開発の調査研究を進めてきました。その成果をもとに生まれた本書が、より多くの教育現場や日常生活の中で活用され、今日のわが国における子どもの健全な発育・発達に寄与できれば幸いと考えます。

『小・中学生のスポーツ栄養ガイド —スポーツ食育プログラム』目次

はじめに—いま、なぜ「スポーツ食育」か？……2

I 章

1 からだのしくみ
1. 子どもの発育・発達とスポーツ指導……6
2. 睡眠と発育との関係……10
3. 朝食の摂取と発育との関係……12

対象別解説 **column**
- スポーツをする子どもの生活全般に関する調査結果から……14

2 食事バランスのととのえ方
1. 食事摂取基準と競技特性……17
2. どれくらいの量を食べたらよいか……20
3. 献立の基本／主食、主菜、副菜、牛乳・乳製品、果物……24

　タイプ別献立例
　持久力系スポーツの食事……30
　瞬発力系スポーツの食事……32
　混合系（球技系）スポーツの食事……34
　スポーツ障害予防の食事……36

4. 朝食について……38
5. 栄養バランスのとり方……40
6. 間食・補食について……41
7. トレーニング前後の補食を手作りする……42
8. とりにくい栄養素を捕食でカバーする……43

対象別解説 **column**
- 食事バランスのとり方……44

II 章

1 愛情をかけて料理する
1. 彩りや盛りつけを美しく……48
2. 調理法のバリエーションを豊かに……50
3. エネルギーコントロールの仕方……52

2 保護者のための簡単料理パターン
1. アレンジ方法を習得する……54
2. レパートリーを増やす……55
3. お弁当の簡単な作り方……58
4. 中食・外食のじょうずなとり方……60
5. 料理をじょうずに冷凍して使う……62

column
- 子どもたちの受動喫煙の害……64

III 章

1 子どものスポーツ医学
1. メタボリックシンドローム対策のスポーツ医学……66
2. 成長期の貧血……68
3. 成長期の骨折……70
4. 成長期のけが……72

対象別解説 **column**
- 骨密度と栄養・運動の関係……74

2 スポーツ食育のための行動科学
1. 好き嫌いをなくす……77
2. ちゃんと食べようというやる気をアップ……79
3. 保護者は子どもにどう接したらよいか……81

対象別解説 **column**
- スポーツ食育のための行動科学……83

3 状況別のスポーツ食育
1. アレルギーのある子どもが安心して食べられる食事……86
2. 練習終了時間が遅くなったときの食事……88
3. ジュニア選手の減量と低体重……90
4. ジュニア選手のサプリメントの考え方……91
5. 夏バテ予防の食事……92
6. かぜを予防するための食事……93

対象別解説 **column**
- 朝食の重要な役割……94

4 試合のときの食事
1. 試合前の食事……97
2. 試合やトレーニング前後の補食……100
3. 試合やトレーニング前・中・後の水分補給……101
4. 試合後の体力回復のための食事……102
5. 競技別に配慮すること……104

対象別解説 **column**
- 運動中の水分補給……105

セルフモニタリング表
体重・体脂肪率と体調の記録／食事の記録……108
料理の作り方……112

カバー裏● 「スポーツ食育ランチョンマット」
付録● すぐに役立つDVD

Ⅰ章

Ⅰ-1
からだのしくみ

Ⅰ-2
食事バランスのととのえ方

I章-1

① 子どもの発育・発達とスポーツ指導

●樋口　満

Q 子どもの発育パターンはどのようになっていますか？

A　図1は身長の発育経過と身長の年間発育増加量を示しています。人間は男女とも身長が約50cm、体重が約3kgで誕生します。身長は生後1年（満1歳）で約1.5倍、4歳になると約2倍となります。また、体重は生後1年（満1歳）で約3倍、4歳になると約5倍となります。身長の発育では、胎児期から乳児期を経て幼児期の前半に至る急激な発育を示す時期があり、幼児期の後半から小学校の高学年に相当する10歳くらいまでは比較的発育がゆるやかな時期です。そして、小学校の高学年から中学生ないしは高校生の時期（11～15歳）で、男子と女子で異なっていますが、再び急激な発育が起こる「思春期」とよばれる時期があります。この時期には年間の発育量の曲線のピークが出現します。そして、その後、ゆるやかな発育の時期を経て、やがて発育が停止します。

　人間のからだの臓器や器官の発育には、いくつかのパターンがあることが知られています。図2は臓器や器官の発育曲線で、誕生した時点での値を0%として、成人になったときの値を100%として示しています。多くの内臓諸器官が一般型に属し、身長や体重などの発育経過もこの型に属しています。一般型は出生後の急激な発育の後、しばらくはゆるやか

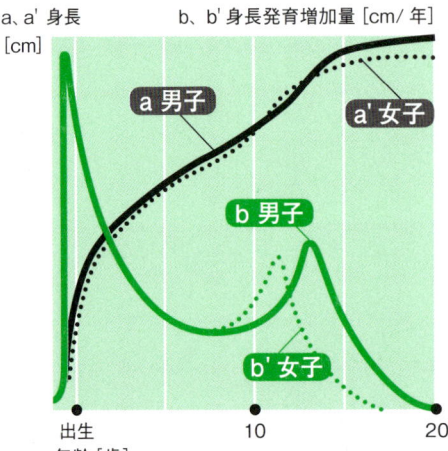

図1 身長の発育経過［模式図］

『からだの発達－身体発達学へのアプローチ』
高石・樋口・小島（大修館書店）1981.一部改変

な増加をたどり、思春期に再びきわめて急激な発育を示す型です。

一方、生殖型に属する臓器・器官の発育は思春期までは非常にゆっくりですが、思春期をむかえると一般型以上に急激なスパートをみせて発育していきます。生殖型の発育は一般型の第2発育急進と同様に、思春期をコントロールする内分泌系の発達に強く依存しています。

さらに、神経系に属する組織の発育は乳・幼児期に顕著にみられ、それ以後はゆっくりとした発育をし、やがて成人の値に達します。また、リンパ系型に属する組織の発育は、小児期には成人の2倍近くになっており、その後しだいに減少し始め、やがて成人の大きさに至るという特徴をもっています。

以上に示したように、からだのなかのさまざまな臓器や器官は、それぞれに特徴ある発育経過をたどりながら、からだ全体としてのそれぞれの発育段階に応じた特徴的な形態的変化をしていきますが、からだのさまざまな機能の発達は、からだの各部位の特徴的な形態発育とあいまって起こるのです。

たとえば、神経型の発育との関連では、神経の伝導速度は、生後1年でほぼ成人のとる値に達することが知られています。また、乳幼児期における運動機能の発達で特徴的なこととして、乳児期前半にみられる随意的運動機能（手を開く、つかむなど）の獲得があげられます。一般型の発育との関連では、持久的な運動能力や瞬発的な運動能力など呼吸循環器系機能の発達がよく知られています。さらに、内分泌型の発育促進により、成長ホルモンや甲状腺ホルモン、そしてステロイドホルモンの分泌が盛んになります。これは筋肉や骨の発育にとっても重要な役割を果たしています。

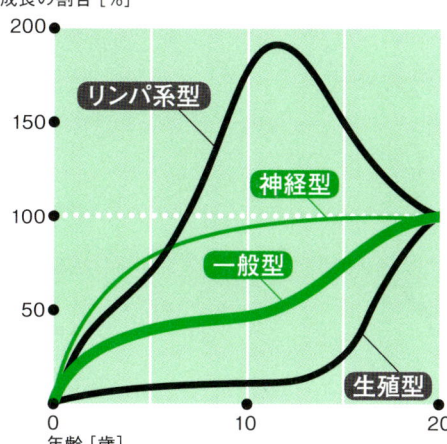

図2 臓器別発育曲線

『からだの発達－身体発達学へのアプローチ』
高石・樋口・小島（大修館書店）1981

Ⅰ章-1 からだのしくみ

Q 発育の男女差と個人差について教えてください。

A 小・中学生の発育で注目すべきポイントはまず、思春期の急激な発育には男女差があることです。女子のほうが男子よりも2年ほど早く思春期がやってきます。図3に示すように、男子では体重の増加に伴って筋肉や骨など除脂肪量（LBM）が著しく増えていきますが、女子では体重がおよそ30kgになる小学4、5年生からは、体重が増えてもLBMの増加は少なく、体脂肪の増加が著しくなります。つまり、この時期から男子は筋肉質のがっちりしたからだになっていくのに対して、女子は全身に脂肪がついた女性的なからだつきになっていくのです。

次に重要なポイントは、発育には個人差があり、そのパターンには早熟型と晩熟型、およびそれらの中間型があることです。早熟か晩熟かを見わけるには、1年間で伸びた身長（年間発育増加量）を見てみるとよくわかります。図4には早熟な男子の例（a）と、晩熟な女子の例（b）が示されています。一般的な身長発育をしている中間型（a'、b'）の子どもに比べて、早熟型の男子では年間発育量のピークが10〜11歳と、中間型（13〜14歳）の子どもよりも若い年齢で見られ、晩熟型の女子では中間型（11〜12歳）よりも遅い年齢でピークがきています。晩熟な子どもは、骨の発育・成熟もほかの子どもたちよりも遅いので、大きな負荷がかかる激しいトレーニングには注意が必要です。

小・中学生のスポーツ実践とそれに関連する食生活指導は、以上のような子どもの一般的な発育パターンと男女差、個人差をよく理解したうえで行わなければなりません。子どもの発育・発達過程に応じたトレーニング内容を選択し、無理のない範囲でスポーツを指導することは指導者や保護者の責任といえるでしょう。

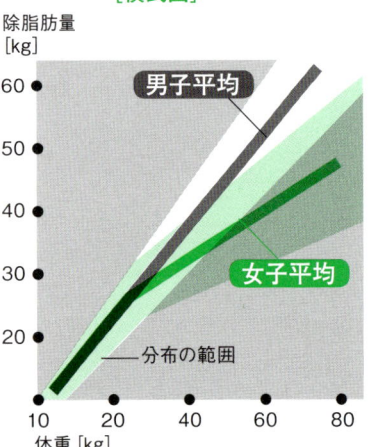

図3 体重と除脂肪量（LBM）の関係 [模式図]

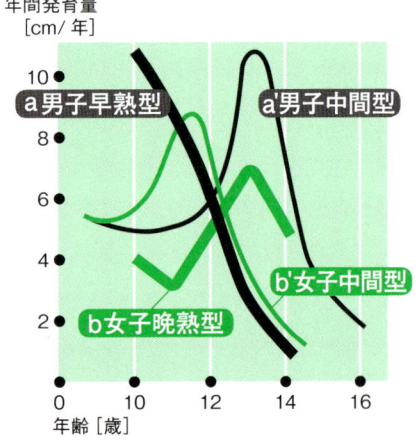

図4 身長の年間発育量の曲線 —年齢と骨の発育による比較

『からだの発達－身体発達学へのアプローチ』高石・樋口・小島（大修館書店）1981. 一部改変

発育段階に応じたスポーツ・トレーニングについて教えてください。

A 図5は成長期におけるさまざまな身体機能の年間発達量を示しています。また、表1はスポーツをする子どものトレーニング課題を各年齢別に示したものです。

小学生では、主としてスポーツの基礎技術の習得が課題であり、スポーツに初めて接するこの時期にはいろいろな動きができるようにします。また、この時期の体力的なトレーニングとしては、遊びの要素をとり入れた運動で、オールラウンドなからだ作りを目指します。

中学生での課題は持久力の向上です。この時期は心臓や肺などの機能、つまり呼吸・循環器系の機能が非常に発達しますので、同じ運動でも長続きするような持久性の運動が推奨されます。また、この時期から、女子や早熟な男子では筋力トレーニングも行っていきます。なお、専門のスポーツ種目に限った特別な体力トレーニングは高校生になってからでも遅くはありません。

図5 各身体機能の年間発達量

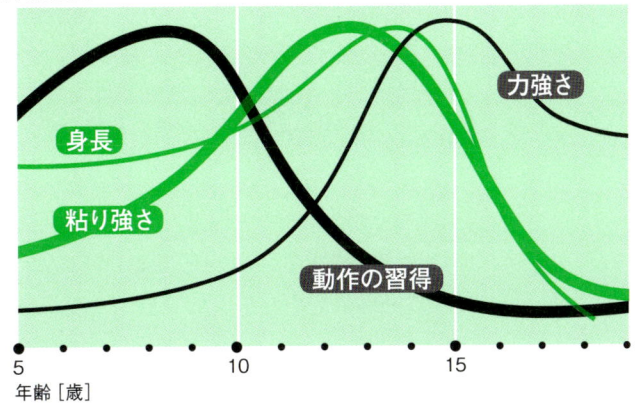

表1 各年代でのトレーニング課題

男子	ねらい	女子
12歳以下	スポーツ基礎技術の獲得	11歳以下
13〜15歳	持久力の向上	12〜15歳
15〜18歳	筋量と最大パワーの増大	15〜18歳
19歳以上	スポーツの特異性の強調	19歳以上

『子どものからだ』宮下充正（東京大学出版会）1980

I章-1 からだのしくみ

2 睡眠と発育との関係

●原　光彦

Q 睡眠は子どもたちのからだにどのような影響を及ぼしますか？

A 充分な睡眠は、子どもたちの健康や健やかな成長発達のためにとてもたいせつです。24時間フル稼動があたりまえとなっている最近の日本では、夜更かしや睡眠不足の悪影響に対する関心は低く、日本の子どもたちの夜更かしは、先進国の中で最悪です。そして、子どもたちに蔓延する睡眠不足は、疲れやすさや、ささいなことで「キレる」などの問題行動、生活習慣病の増加や性早熟の原因になっています。

1 「眠り」は生命の維持に必須です。

生き物の三大欲求は、食欲、性欲、睡眠欲といわれており、ヒトも例外ではありません。ラットを眠らせないで飼育するとすべて死んでしまいます。ヒトでも、不眠から死に至る致死性家族性不眠症という病気の存在が知られています。

2 「眠り」は成長を促します。

生物には、おおよそ24時間を周期としたリズムが存在し、生体リズムは体内時計によって制御されています。最も重要な体内時計は、脳の視床下部にある視交叉上核にあります。地球は24時間周期ですが、ヒトの体内時計の周期は、実際には24時間よりも少し長く約25時間周期であると考えられています。体内時計は、光を浴びることや食事をすることによって調節されており、これらの刺激によって体内時計は進んだり遅れたりします。そして、朝の光を浴びると、体内時計は進み、体内時計と地球のリズムが一致する方向に調節されます。反対に、夜中にテレビやDVDを見たり、コンピューターを使ったりすると、地球のリズムと生体リズムのギャップが大きくなり、体調不良を引き起こします。

脳下垂体から分泌される成長ホルモンの分泌にも日内変動があり、日中はほとんど分泌されず、睡眠中に分泌され、昔から伝えられている「寝る子は育つ」ということわざの根拠ともなっています。成長ホルモンは、骨を伸ばし、筋肉を成長させ、脂肪分解を促す作用があります。充分な「眠り」を確保することは子どもの成長にとって非常に重要です。

3 「眠り」は性早熟や老化をおさえます。

最近の日本人は早熟になっています。東京都の調査によれば、小学5年生で初経を経験した児童は、1990年に約15％でしたが、2005年には約28％に増加しています。このような、性早熟の原因の一つとし

て、睡眠不足があげられています。脳のほぼ中心部にある松果体から分泌されるメラトニンの分泌にも、日内変動があり、日中はほとんど分泌されずに深夜に分泌されます。メラトニンは、卵巣や睾丸などの成熟をおさえる作用や、酸化ストレスからからだを守る作用があります。慢性的な睡眠不足によってメラトニンの分泌が不充分になれば、早熟となり老化が早まります。

4 「眠り」は肥満や高血圧などの生活習慣病を予防します。

わが国の肥満小児の頻度は、1970年から2000年までの30年間で約2～3倍に増加しており、小学校高学年の10人に1人は肥満です。そして、最近ではメタボリックシンドロームや2型糖尿病の子どもも増えています。10年ほど前に、脂肪細胞はレプチンというホルモンを分泌していることが発見されました。レプチンは、脳の食欲中枢に作用して食欲をおさえる作用があり、体脂肪の量を一定に保つ働きをしています。一方、胃粘膜からは食欲を亢進（こうしん）させるグレリンというホルモンが分泌されており、食欲はレプチンとグレリンのバランスによって決められています。最近、夜更かしはレプチンを減らし、グレリンを増加させることが明らかになりました。夜更かしをすると、むしょうにおなかがすいて、エネルギーの高いお菓子などが食べたくなりますが、それは夜更かしによって生じたレプチンとグレリンのアンバランスが関係している可能性があります。また、夜更かしは成長ホルモンの分泌を抑制するため、成長ホルモンの脂肪分解作用がおさえられてしまい、これも肥満の原因になります。さらに、睡眠不足は交感神経系の緊張を高めて血圧を上昇させます。生活習慣病対策として運動やスポーツ活動がすすめられていますが、その前提として、充分に眠ることはきわめて重要です。

5 「眠り」は記憶力を高めます。

睡眠には、レム睡眠とノンレム睡眠があります。記憶の中枢として、大脳の海馬が有名ですが、起きているときに大脳に入った情報は、短期的な記憶として海馬に蓄えられ、それがくり返されることによって、海馬から側頭葉に移行して、長期記憶として固定されると考えられています。このような、記憶の固定は睡眠中に行われ、レム睡眠中には、自転車乗りやスポーツに必要なスキルなどの身体活動に関連した記憶が固定され、ノンレム睡眠中には、人名や年号などの身体活動とは関連性のない記憶が固定されます。睡眠不足になると、イライラしたり能率が低下すること以外に記憶力も低下するため、睡眠時間を削って勉強したりトレーニングを行うことは、子どもたちにとって百害あって一利なしです。

子どもたちをぐっすり眠らせることは、健やかな成長やスポーツを安全に楽しむためのよいコンディションづくりの基礎になります。表1によい眠りを確保するための方法を示します。

表1

よい「眠り」を確保するためには
- 就眠時刻を決める。
- 起床時刻を決める。
- 日中に適度な運動をする。
- 眠る前に大食いしない。
- 寝室の環境を整える。
  （静寂、暗い、適切な室温、リラックスできる環境）
- ベッドは眠る場所としてのみ使う。
  （ベッドまわりにテレビ・コンピューター・オーディオ等を置かない）

3 朝食の摂取と発育との関係

●原　光彦

Q 子どもにとって「朝食を食べること」はどのような意味があるのでしょうか？

A 子どもの最大の特徴は、日々、成長していることです。大人のエネルギー必要量は、体温の維持や、体成分の合成・分解に必要なエネルギーである基礎代謝量と、からだを動かすために必要なエネルギー量の合計とされていますが、子どもの場合は、成長に必要なエネルギー量も追加して考えなければなりません。

私たちのからだは、約60兆個の細胞から成り立っており、一見するとこれらの細胞は変化していないように思えますが、実際には細胞を作っている成分は日々入れかわっており、細胞自体にも寿命があります。さまざまな栄養素から細胞が作られることを同化とよび、細胞が役割を終えて分解され除去されることを異化とよびます。子どもは、同化が異化より大きいために成長し、健康な大人は、同化と異化のバランスが平衡状態を保っており、お年寄りでは、同化より異化が勝っているため、さまざまな老化現象が生じます。成長や健康の維持に必要な同化が適切に行われるためには、食べ物の内容や量に注意をはらう必要があります。

食べ物に含まれる栄養素には、たんぱく質、脂質、炭水化物（糖質）などがあり、ほとんどの成分はからだの中で合成することができます。しかし、筋肉や酵素などを作るたんぱく質の基となるアミノ酸や、細胞膜の成分である脂肪酸の中にも、からだの中で合成できないものがあります。したがって、これらのアミノ酸や脂肪酸は、どうしても食べ物から摂取する必要があり、必須アミノ酸、必須脂肪酸とよばれています。必須アミノ酸や必須脂肪酸が充分摂取できなければ、成長障害や免疫力の低下、知能障害、皮膚病などの欠乏症が生じることが知られています。

子どもは体重あたりのエネルギー必要量が多いわりに、胃の容積は小さく年齢が低いほど、たびたび食べ物を摂取する必要があります。これが、低学年の子どもたちに「おやつ」が必要な理由です。朝食を食べることは子どもたちの栄養バランスを整える意味でとてもたいせつです。

Q 「朝食を食べないこと」でどのような悪影響があるか教えてください。

A 最近の子どもたちや、20〜30歳代の比較的若い世代で、朝食を食べない人が多くなっています。厚生労働省による「平成20年国民健康・栄養調査報告」によれば、図1に示すように、7〜14歳における朝食の欠食率は、男子が6.5％、女子が5.0％、15〜19歳では、男子が18.4％、女子が10.0％まで上昇しています。そして、朝食を食べない

理由として「食欲がない」「食べる時間がない」と答える人が多く、就寝時刻が遅くなるほど朝食の欠食率が高くなります。夜更かしが、朝食摂取状況に悪影響を及ぼしていることが明らかです。

　朝食を食べないことは、子どもたちの心身にさまざまな悪影響を及ぼします。最も大きな問題点は、食事の回数が少なくなると、健やかな成長に必要な栄養に偏りが生じる可能性があることです。日常的にスポーツをしている子どもたちは、身体活動量が多いため、しっかりと朝食を摂取する必要があります。また、朝食を摂取しないと学習効果が低下することも知られています。図2に、文部科学省が報告した「朝食の摂取と学力調査の平均正答率との関係」を示します。朝食をしっかり食べる群ほど成績がよいことがわかります。脳の発達は、生後早期から始まり、3歳までに大人の約70％まで成長します。大脳の活動にはおもにブドウ糖が使われています。朝食を食べないと、ブドウ糖の供給は、肝臓に蓄えられたグリコーゲン分解によってまかなわれますが、子どもは肝臓が小さいため、グリコーゲンはすぐに枯渇してしまいます。本来、大脳の働きが最も活発であるはずの午前中に、ブドウ糖の供給が不充分になり、学習能力が低下すると考えられています。さらに、朝食を食べないと肥満しやすくなることも知られています。それは、1日2食で1食あたりの食事量が多くなりがちなことや、空腹のため、エネルギーが高く栄養価が低い、清涼飲料水やお菓子などを摂取する機会が増えてしまうからです。このような食習慣はインスリンの過剰分泌を招きやすく、インスリンの脂肪合成作用によって肥満が生じると考えられています。また前述したように、朝食の摂取状況は夜更かしの有無と密接な関係があり、夜更かしに伴う脳内のホルモンバランスの異常も、肥満を生じさせる原因になっています。

　子どもたちの健やかな成長を促すために、文部科学省が2006年に「早寝早起き朝ごはん」運動を始めました。子どもたちにとってスポーツの有効性を高めるためには、朝ごはんを食べることはとてもたいせつです。

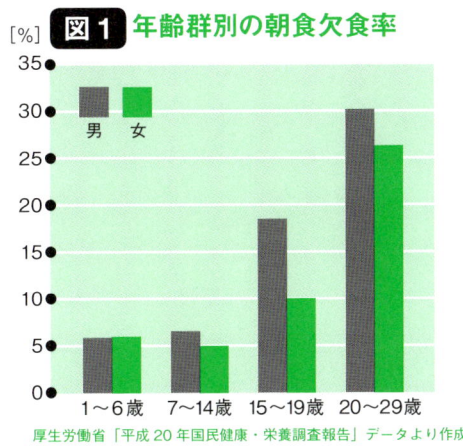

図1 年齢群別の朝食欠食率

厚生労働省「平成20年国民健康・栄養調査報告」データより作成

図2 朝食の摂取と学力調査の平均正答率との関係（中学生）

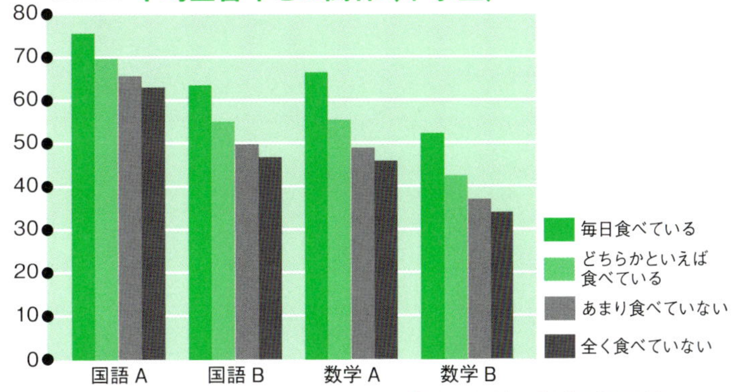

毎日食べている
どちらかといえば食べている
あまり食べていない
全く食べていない

文部科学省「平成20年度全国学力学習状況調査」

対象別解説 column 05 子ども向け

スポーツをする子どもの生活全般に関する調査結果から　　　●青野　博

しっかり食べれば、がんばれる

「好き嫌いしちゃダメ！」
好き嫌いがよくないことは
わかっているけど…
「残さず食べなさい！」
…とはいうものの、
ホントに食べなきゃダメ？

　しっかり食べると、どんなことがあるのか、ここでは実際の調査結果をご紹介します。

　スポーツをする子どもの18.3％が、「けがをしやすい」と答えました。このうち、「肉か魚か卵のどれかを毎食食べますか？」と質問したところ、「はい（毎食食べる）」と答えた子どもは、17.3％が「けがをしやすい」と答えました。一方、「いいえ（毎食食べない）」と答えた子どもは、23.4％が「けがをしやすい」と答えました。この結果から、スポーツをするみなさんは、肉か魚か卵のどれかを毎食食べていないと、けがをする可能性が高くなることがわかりますね。

　同じ調査から、「お菓子を食べすぎない」、「ジュースなどを飲みすぎない」ことを意識している子どもは、「けがをしやすい」と答える割合が低くなることが認められています。

　学校の勉強についてはどうでしょうか。スポーツをする子どもたち全体の18.7％が、「授業に集中できない日がよくある」と答えました。このうち、「色の濃い野菜を多く食べる」と答えた子どもは、全体平均よりも少ない15.1％が「授業に集中できていない」と答えました。一方、「色の濃い野菜を多く食べていない」と答えた子どもは、全体平均よりも多い27.6％が「授業に集中できない」と答えました。

　同じような傾向が、「豆製品（豆腐や納豆）を毎日食べる」「牛乳・乳製品（牛乳・ヨーグルト）を毎日とる」「果物を毎日食べる」ことを意識している子どもについても認められました。

　つまり、ふだんの食事からこれらのことを意識している子どもは、スポーツはもちろん、学校の勉強もがんばれるようになれるのです。

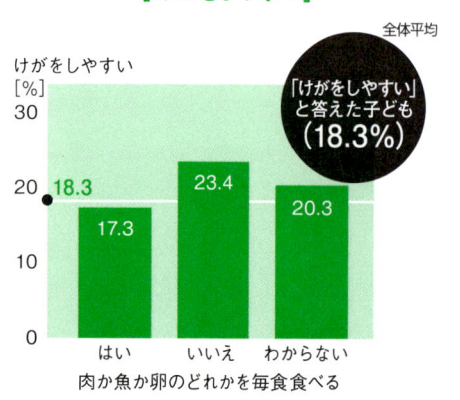

[肉か魚か卵のどれかを毎食食べる]×[けがをしやすい]

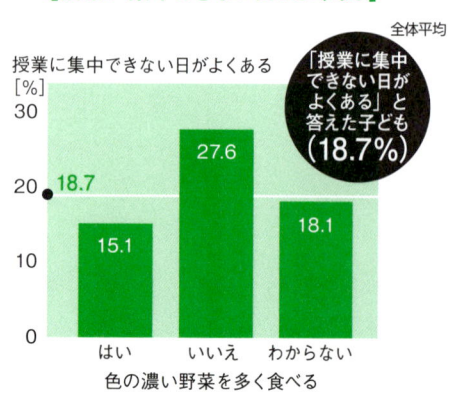

[色の濃い野菜を多く食べる]×[授業に集中できない日がよくある]

対象別解説 column　保護者向け

スポーツをする子どもの生活全般に関する調査結果から

●青野　博

スポーツをする子どもをサポートする食事・生活習慣とは？

　子どもたちのふだんの体調と食行動・食意識との関係性を分析したところ、興味深い結果が得られました。

　スポーツをする子ども全体の18.7％が「授業に集中できない日がよくある」と答えました。このうち、「栄養のバランスを考えて食事をしていますか？」という質問について、「はい」と答えた子どもは全体平均よりも少ない13.2％だけが授業に集中できない日がよくあると答えました。一方、「栄養バランスを考えて食事をしていない」と答えた子どもは全体平均よりも多く、29.6％が授業に集中できない日がよくあると答えていました。

　つまり、「栄養バランスをよく考えて食事をしていない子」ほど、授業に集中できない日がよくあることがわかったのです。また、「ゆっくりとよくかんで食べる」や「できるだけ多くの食品を食べる」などの食習慣と、「授業の集中度」の関係性についても同様の傾向が認められました。

　また、このような食習慣を意識していると答えた子どもは、口内炎、かぜやけがが少なく、排便状況も良好な傾向が認められました。

　生活習慣によるふだんの体調への影響について、ここでもう一つ、睡眠時間との関係性についてご紹介します。

　スポーツをする子ども全体の15.4％が「口のはじが切れたり口内炎がよくできる」と答えていました。このうち、睡眠時間が9時間未満の場合、口内炎の出現率について全体平均よりも高くなる傾向が認められました（8時間未満：24.8％、9時間未満：16.8％）。

　別の全国調査（文部科学省）によると、睡眠時間が8時間以上の場合、8時間未満の子どもと比較して、体力が高い傾向が見られると報告されています。スポーツをする子どもがしっかりした食事を多めにとる必要があることと同様に、睡眠時間についても長めにとる必要があるのかもしれません。つまり、スポーツをする子どもについては、9時間の睡眠時間の確保がボーダーラインになるのかもしれません。

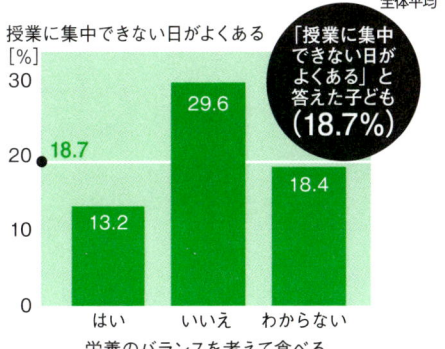

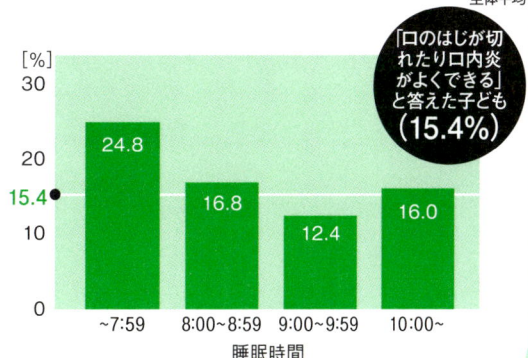

対象別解説 column

栄養士・指導者向け

スポーツをする子どもの生活全般に関する調査結果から

● 青野　博

スポーツをする子どもは、朝食・おやつの喫食率が高い！

　スポーツをしている子どもの97.0%が、朝食を毎日食べるそうです。別の全国調査（日本スポーツ振興センター）による小学生（5年生男女）の平均値が90.8%だったことと比較すると、スポーツをしている子どもの朝食喫食率はとても高いことがわかります。しかし、この調査では朝食に何を食べているかまではわかりません。スポーツをしている子どもたちを対象とした実態調査によると、家庭によっては保護者の食に対する意識に差が見られ、食事の構成・量に関して改善の余地があると考えられます。したがって、次のステップでは、この朝食の内容についてくふうすることが求められます。

　夕食までに食べるおやつについて、スポーツをする子どもの41.6%が「ほとんど毎日食べる」と答え、全国調査（31.1%）よりも高い喫食率を示しました。スポーツをする子どもは、よくからだを動かしているため、スポーツをしていない子どもよりも多めにしっかり食事をとる必要があります。しかし、朝・昼・夕の食事だけではとりきれない可能性があり、そこで補食としておやつのとり方が重要になります。この実態調査において、よく食べるおやつを3つまで回答してもらったところ、じつに89.5%が、「お菓子類」を食べると答えました。これは、牛乳・乳製品の33.1%、お総菜・パン・めん類の28.3%、果物の18.6%を大きく上回っています。特にスポーツをする子どもにとって、おやつ（間食）は補食として考える必要があります。ここに栄養教育でとり組むべき課題が見受けられます。

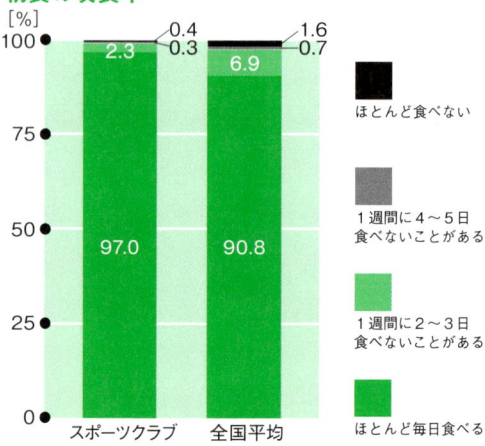

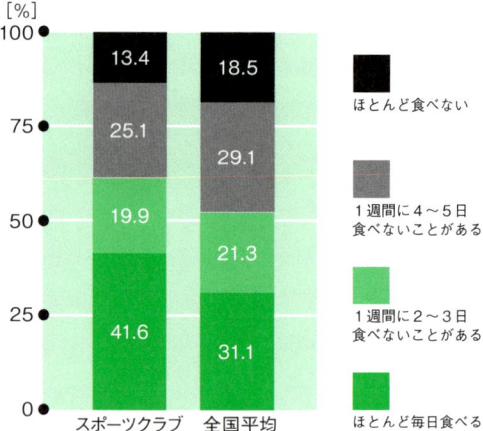

出典
平成18年度 日本体育協会 スポーツ医・科学研究報告「小学生を対象としたスポーツ食育プログラム開発に関する調査研究 - 第1報 -」27-88:2007
平成19年度 日本体育協会 スポーツ医・科学研究報告「小学生を対象としたスポーツ食育プログラム開発に関する調査研究 - 第2報 -」5-114:2008
文部科学省「平成20年度全国体力・運動能力、運動習慣等調査」2009
独立行政法人日本スポーツ振興センター「平成19年度児童生徒の食事状況等調査報告書」2008

食事、運動と生活習慣に関するアンケート調査〜概要〜
1）調査対象　スポーツクラブ（スポーツ少年団など）に所属する小学校4〜6年生男女
2）調査内容　食行動、食意識、睡眠時間、ふだんの体調、練習意欲など
3）調査期間　2006年10〜12月
4）サンプル数　3436名（男子2227名、女子1209名）

食事バランスのととのえ方

●文／木村典代　文・献立／こばたてるみ

各競技のジュニア選手たちが、強いからだを作り、競技で活躍するためには、具体的にどのようなものをどれくらい食べたらよいのでしょうか？
スポーツ食育ランチョンマット（カバー裏参照）を使って学びましょう。

① 食事摂取基準と競技特性

Q 成長期のジュニア選手が、食事をしっかりととらなくてはいけない理由は？

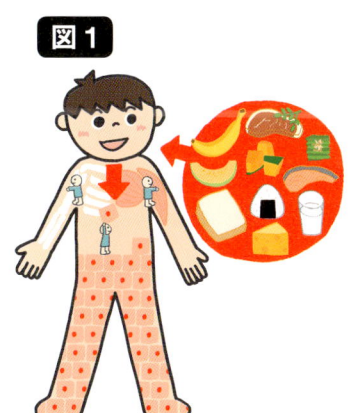

図1

A　人間のからだは、食べ物から得たエネルギーを使って心臓を動かし、呼吸をし、体温を保っています。運動をしている子どもは、運動をしていない子どもと比べると、たくさんからだを動かしているので、その分のエネルギーを食事から多くとらなくてはいけません。

また、からだは、食べたものを材料にして作られています 図1 。したがって、からだを作るために必要な栄養素を食事からバランスよくとることもたいせつです。さらに、からだは一度作られたらそれで終わりではなく、つねに作りかえられています。ですから生きている限りずっと食べ続ける必要があるのです。特に成長期の子どもは成長するために必要な栄養素の分も考えて、しっかりと食べなくてはいけません。

Q 成長期の子どもの食事バランスのとり方は？

図2　スポーツ食育ランチョンマット（カバー裏参照）

A　 図2 は、スポーツをしている子ども用の「スポーツ食育ランチョンマット」です。この絵に描かれている主食、主菜、副菜2皿、牛乳・乳製品、果物を毎食そろえることで食事バランスをととのえることができます（20～21ページ参照）。このランチョンマットを参考にして食事バランスをチェックしながら食べる習慣をつけましょう。

Ⅰ章-2　食事バランスのととのえ方

Q 小学生・中学生の選手たちは、1日にどれくらいのエネルギー量を消費しているのでしょうか？

A 表1は、年齢別、性別で示した体重1kgあたりの基礎代謝基準値です。基礎代謝とは、快適な気温下で安静に横たわり空腹状態で測定される消費エネルギー量をいいます。人が生きていくために消費される最低限の1日のエネルギー消費量だと考えてください。たとえば、12〜14歳の男子なら、1日に体重1kgあたりに消費される基礎代謝量は31.0kcal/kg/日ですから、自分の体重をこれに掛け合わせれば、基礎代謝量が算出できます。

次に、基礎代謝量と表2の身体活動レベル（PAL：1日の消費エネルギー量が基礎代謝量の何倍になっているかを示す数字）を掛け合わせます。たとえば、バスケットボールを毎日2時間行っている選手なら、PALは1.80になります。そして、表3の成長に必要な1日のエネルギー蓄積量（kcal/日）を足せば、おおよその1日の消費エネルギー量が算出できます。12〜14歳の男子なら、20kcal/日を足します。

表1 性・年齢別基礎代謝基準値 × **選手の体重** × **表2 身体活動レベル（PAL）** ＋ **表3 エネルギー蓄積量**

食事からとるエネルギー量の目安は、上の計算式で求めた量になります。選手個々のからだの大きさや運動量に合った摂取エネルギー量を確保するように心がけましょう。そして、定期的に体重測定や体脂肪量の測定を行って、食べている量がちょうどよいか、不足しているのかを確認するとよいでしょう。109ページのセルフモニタリング用紙を活用し、体重の記録をとるようにしましょう。

表1 成長期の子どもの基礎代謝基準値 (kcal/kg 体重/日)

年齢[歳]	男子 基準体重(kg)	男子 基礎代謝基準値	女子 基準体重(kg)	女子 基礎代謝基準値
6〜7	22.0	44.3	22.0	41.9
8〜9	27.5	40.8	27.2	38.3
10〜11	35.5	37.4	34.5	34.8
12〜14	48.0	31.0	46.0	29.6
15〜17	58.4	27.0	50.6	25.3

※平均的な体位にて算出した数値

表3 成長期の子どもの1日あたりの組織増加分エネルギー蓄積量 (kcal/日)

年齢[歳]	男子 体重増加量(kg/年)	男子 組織増加分エネルギー蓄積量	女子 体重増加量(kg/年)	女子 組織増加分エネルギー蓄積量
6〜7	2.5	15	2.5	20
8〜9	3.4	25	3.1	25
10〜11	4.5	35	4.1	30
12〜14	4.2	20	3.1	25
15〜17	2.0	10	0.8	10

※平均的な体位にて算出した数値

表2 身体活動レベル（PAL）

種類	競技名	運動強度METs（範囲）	PAL 1時間	PAL 2時間	PAL 3時間
持久力系（軽い）	ジョギング（軽い）、水泳（ゆっくり）、軽いダンスなど	5 (4〜6)	1.55	1.65	1.75
持久力系（激しい）	ジョギング（中等度）、水泳（クロール・平泳ぎ）、スキーなど	8 (6〜10)	1.70	1.90	2.10
混合系[球技系]（軽い）	バレーボール、卓球、野球、ソフトボール、バドミントンなど	5 (4〜6)	1.55	1.65	1.75
混合系[球技系]（激しい）	バスケットボール、テニス、サッカーなど	7 (6〜7)	1.65	1.80	2.00
瞬発力系・筋力系	体操、陸上短距離、柔道、空手	9 (8〜10)	1.75	2.00	2.25

※運動強度METsとは、安静時を1としたときの運動強度の倍数。練習時間は実際の活動時間である。
※PALの数値は、1日9時間の睡眠、通常授業期を想定して算出している。

競技種目によって、消費するエネルギー量は違うのでしょうか？

A 消費するエネルギー量は、その競技種目の運動強度（METs）やその競技の実際の練習時間によっても変わります。18ページの計算式を使って選手個々のエネルギー消費量を計算してみましょう。以下に持久力系スポーツと瞬発力系・筋力系スポーツと、球技などの混合系スポーツの特徴を紹介します。

持久力系スポーツ

おもな競技種目：陸上長距離競技、クロスカントリースキー、スケート（長距離）、水泳（長距離）など

一般的に練習時間が長く、運動強度も高いため、運動によって使われるエネルギー量は大きくなります。しかし、持久力系スポーツの選手は小柄で細身の体型の人が多いため、1日の消費エネルギー量は瞬発力系スポーツや混合系（球技系）スポーツと同等と考えてよいでしょう。

瞬発力系・筋力系スポーツ

おもな競技種目：陸上短距離、柔道、レスリング、体操など

筋肉質でがっちりした選手が多く、瞬間的に爆発的な力を発揮するため、運動強度は非常に高くなります。しかし、実際にからだを動かしている時間は持久力系スポーツよりも短くなる傾向があります。

混合系（球技系）スポーツ

おもな競技種目：サッカー、バスケットボール、バレーボール、野球、テニス、卓球など

持久力系スポーツと瞬発力系スポーツの両方の能力が求められ、運動強度も中等度です。球技スポーツは種目によっては大柄な体型の人が多いのでエネルギー消費量は多くなります。しかし、チームで行うものが多く、練習時間が長いわりに動きは間欠的なため、実際にからだを動かしている総時間は短いのが特徴です。

I章-2 食事バランスのととのえ方

中学校1年生 基本

2 どれくらいの量を食べたらよいか

Q 中学校1年生男子のエネルギー必要量はどれくらいでしょうか? また、1日に食べる食事の量はどれくらいでしょうか?

A 本書では、競技種目によるエネルギー消費量を厳密に分けず、中学校1年生男子の標準的な体重 44.2kg で、身体活動レベル(PAL)が 2.0 くらいの運動をしている選手を想定した 2750kcal の食事をモデルメニューとして紹介しています。

性別、体格、競技種目、練習時間による消費エネルギー量の違いは 18〜19 ページ、食事量の増減の仕方は 20〜23 ページを参考にしてください。また、表4 と 21 ページの写真は、中学校1年生のジュニア選手が 1 日にとりたいエネルギー量およびいろいろな栄養素を含む食材の量です。

Q 女子の選手や練習量の違う選手はどうしたらよいでしょうか?

A 女子選手は男子の 80〜90% くらいを目安にします。また、からだの大きさや練習時間の違いによっても、必要となるエネルギー量は異なります。18 ページで紹介した方法で、自分の消費エネルギー量を計算し、食べる量を調整しましょう。

表4 エネルギー量 2750kcal モデル 中学校1年生男子 (13歳、体重44kg、身体活動レベル PAL=2.0)

食品構成		食品名	グループ別重量	正味重量(g)	概量
主食	穀類	精白米	250	250(ごはん575)	ごはん茶わん 200〜220g×2杯、おにぎり1個
		食パン	120	120	6枚切り2枚
主菜	魚介類	サケ(切り身)	70	55	切り身1枚
		アサリ		15	アサリ3個
	肉類	牛もも肉 皮下脂肪なし	140	40	
		豚もも肉 皮下脂肪なし		40	
		鶏胸肉 皮つき		40	
		ロースハム		20	2枚
	卵類	卵	50	50	M玉 1個
	豆類	もめん豆腐	85	60	1/5丁
		納豆		25	小1/2パック
副菜	芋類	じゃが芋	60	60	大1/2個
	緑黄色野菜	ほうれん草	150	40	1/5束
		にんじん		40	1/3本
		ブロッコリー		30	1/3株
		トマト		40	ミニトマト4個
	淡色野菜	ごぼう	250	30	1/6本
		キャベツ		40	小1枚
		大根		40	
		玉ねぎ		40	1/5個
		きゅうり		30	1/3本
		もやし		30	1/2袋
		なす		40	1/2本
	きのこ類	しめじ類	20	10	6本くらい
		しいたけ		10	1枚
	海藻類	ひじき	5	3	
		乾燥わかめ		2	
牛乳・乳製品	牛乳・乳製品	普通牛乳	540	400	コップ2杯
		ヨーグルト 脱脂加糖		120	ヨーグルトカップ1杯
		プロセスチーズ		20	ベビーチーズ1個
果物	果物類	オレンジ	230	50	小1/2個
		キウイフルーツ		50	1/2個
		りんご		50	1/4個
		バナナ		80	1本
その他	その他	砂糖	10	10	小さじ3 1/3
		油	20	20	大さじ1 2/3
		バター	8	8	
		みそ	15	15	みそ汁1杯分

炭水化物（糖質）の補給源。朝食は6枚切りのパン2枚、昼と夜はごはん茶わん山盛りで1杯ずつ、補食におにぎり1個くらい、が適量です。主食の仲間は運動時の重要なエネルギー源になります。しっかりと食べるようにしましょう。

たんぱく質の補給源。肉、魚、卵、大豆製品を朝食、昼食、夕食に分けて、毎食2種類ぐらいずつ選んで食べるとよいでしょう。ただし、豆腐や納豆などの大豆製品は量が少ないと充分なたんぱく質がとれません。そのときは副菜として考えましょう。

ビタミン、ミネラルの補給源。ほうれん草や小松菜、にんじんなどの色の濃い緑黄色野菜、大根、玉ねぎ、キャベツなどの色のうすい淡色野菜、きのこ類、芋類、海藻類を毎食、両手を広げて山盛りにのるくらいの分量を目安に食べましょう。

カルシウム、たんぱく質の補給源。牛乳・乳製品はカルシウムの重要な供給源です。毎食、これらの食品をとるようにしましょう。

ビタミン、ミネラル、糖分の補給源。1回の食事で食べてほしい果物の量は、みかん、キウイフルーツなどは1個、グレープフルーツ、りんご、オレンジなどは半分くらいを目安にするとよいでしょう。

脂質、糖分、塩分の供給源。

I章-2 食事バランスのととのえ方

Q 小学校高学年は、どれくらいの量を食べたらよいでしょうか？

A 小学校高学年のスポーツ選手の食事量は、20ページに示した中学校1年生の男子の基本の食事量の80～90％くらいの量を目安に食べるようにします。具体的には、中学校1年生男子の例から下記の写真の量を目安に減らします。

小学校高学年の女子は、中学校1年生の男子の80％くらいを目安に食事をするようにしましょう。また、小学校3、4年生の男子、女子は、中学校1年生の男子の70～75％くらいを目安に食事をしましょう。

小学校高学年

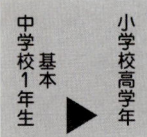

中学校1年生 基本 ▶ 小学校高学年

減らす

主食 ●ごはん
220g×2杯 / 220g×2杯 / 135g
計575g ▶ 計440g

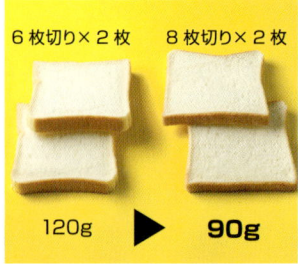

主食 ●食パン
6枚切り×2枚 / 8枚切り×2枚
120g ▶ 90g

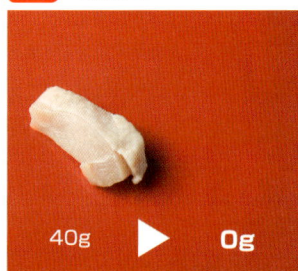

主菜 ●鶏胸肉
40g ▶ 0g

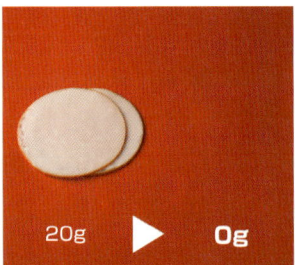

主菜 ●ロースハム
20g ▶ 0g

主菜 ●納豆
25g ▶ 0g

副菜 ●じゃが芋
60g ▶ 40g

牛乳・乳製品 ●ヨーグルト
120g ▶ 60g

果物 ●バナナ
80g ▶ 40g

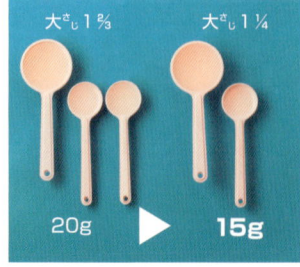

その他 ●油
大さじ1⅔ / 大さじ1¼
20g ▶ 15g

Q 中学校2、3年生のスポーツ選手はどれくらいの量を食べたらよいでしょうか？

中学校3年生

A 中学校2、3年生くらいになると、体格の違いが、かなりはっきりと出てきます。たとえば、体重が57kgの中学校3年生の男子選手の場合は、軽いジョギング程度の練習を3時間行うと1日に3200kcalくらいのエネルギーを消費します。このエネルギー量を補うために必要な1日の食事量は、20ページの中学校1年生男子の例から次のように下記の写真の量を目安に増やします。

中学校2、3年生の女子は、中学校1年生の男子とほぼ同量を目安に食事をするようにしましょう。1日の練習量がもっと多くなった場合は、主食のごはんやパン、めん類などの量を増やすことで摂取量を調整します。しかし、エネルギー必要量には個人差があります。定期的に体重を計ることで、食べている量が足りているか不足しているかを判断することがたいせつです。

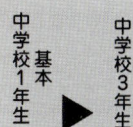

増やす
中学校1年生 基本 ▶ 中学校3年生

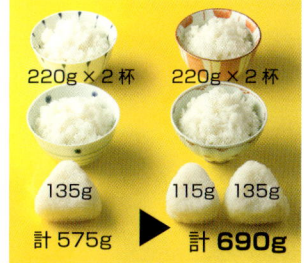

主食 ●ごはん
220g×2杯　220g×2杯
135g　115g　135g
計575g ▶ 計690g

主菜 ●サケ
55g ▶ 70g

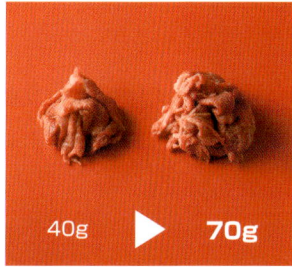

主菜 ●牛もも肉
40g ▶ 70g

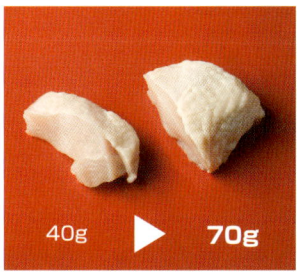

主菜 ●鶏胸肉
40g ▶ 70g

主菜 ●納豆
25g ▶ 50g

副菜 ●じゃが芋
60g ▶ 80g

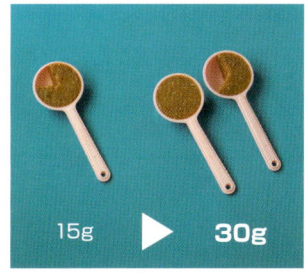

その他 ●みそ
15g ▶ 30g

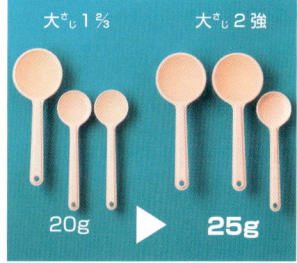

その他 ●油
大さじ1⅔　大さじ2強
20g ▶ 25g

3 献立の基本／主食、主菜、副菜、牛乳・乳製品、果物

Q 成長期のジュニア選手にとってバランスのよい食事とは具体的にどのようなものでしょうか？

A 20ページでも紹介したように、成長期のスポーツをする子どもにとって必要な栄養素の「質」と「量」を確保するためには、「ジュニア選手の食事基本スタイル」である「主食」、「主菜」、「副菜2皿（もしくは副菜と汁物）」、「牛乳・乳製品」、「果物」の6皿を毎食そろえることがたいせつです。

写真では、運動中のおもなエネルギー源となる主食のごはん、筋肉や骨の材料となる主菜のおろしハンバーグ、つけ合わせと副菜と汁物の野菜類からはビタミンやミネラルがしっかりと補給できます。

さらに、果物にはビタミンCが豊富なキウイフルーツとオレンジ、カルシウムやたんぱく質、ビタミンB_2が豊富な牛乳を組み合わせることによって、栄養バランスとともにボリューム感があり、彩りのよい献立にすることができます。

「ジュニア選手の食事基本スタイル」
基本の夕食献立 （作り方112ﾍﾟ）
1人分 1024kcal

- ●主食／ごはん 356kcal　●主菜／和風ハンバーグ（青じそ・おろし大根）、にんじんグラッセと粉吹き芋添え 301kcal
- ●副菜／切り干し大根の煮物 96kcal　●副菜／ほうれん草のツナあえ 31kcal
- ●汁物／野菜たっぷり汁 66kcal　●牛乳・乳製品／牛乳 134kcal　●果物／キウイフルーツ、オレンジ 40kcal

「ジュニア選手の食事基本スタイル」
基本の朝食献立 （作り方112㌻）
1人分 804kcal

基本の昼食献立（給食）（作り方113㌻）
1人分 788kcal

- 主食／ごはん 338kcal　● 主菜／卵焼き 113kcal
- 副菜／納豆 102kcal　● 副菜／かぶときゅうりの漬物 13kcal
- 副菜／アスパラのお浸し 15kcal　● 副菜／味つけのり 2kcal
- 汁物／キャベツとわかめのみそ汁 56kcal
- 牛乳・乳製品／ブルーベリーはちみつヨーグルト 122kcal
- 果物／バナナ 43kcal

- 主食／食パン（ジャムつき）356kcal
- 主菜／サワラのカレームニエル、ゆでいんげんとコーンソテー添え 217kcal
- 汁物／ミネストローネ 81kcal
- 牛乳・乳製品／牛乳 134kcal

 **朝食を菓子パンと牛乳といった簡単な食事ですませてはいけませんか？**

A 成長期のジュニア選手の場合には、朝食も「ジュニア選手の食事基本スタイル」をそろえることが望ましいといえます。ただ、朝から手の込んだ料理を用意するのはたいへんなことなので左上写真の納豆、味つけのり、ヨーグルト、バナナなど生で食べられる食材を活用したり、1つのなべやフライパンを使っての複数調理、煮物や温野菜類を時間のあるときにまとめ作りをしておく（左上写真の漬物、アスパラのお浸し）などのくふうをするとよいでしょう。

また、少量の食材であれば包丁代わりにキッチンバサミを使用したり、電子レンジを使って加熱したりすることも時間の短縮につながります。

  給食では「ジュニア選手の食事基本スタイル」がそろわないこともあります。その場合の対処法は？

A 給食は成長期の子どもに対して栄養バランスのよい献立になっていますが、ジュニア選手にとっては「ジュニア選手の食事基本スタイル」を満たさないこともあります。その場合には、運動の前後にとる補食で、給食で足りなかった料理や食材を補うとよいでしょう。

たとえば、右上の写真の献立の場合、副菜や果物が足りないので、補食として果物や果汁100％ジュースなどを用いるとよいでしょう。

I章-2 食事バランスのととのえ方

Q 主菜にはどのような料理がありますか？

A 肉や魚、卵、大豆製品などを主材料として使った献立の中のメイン料理が主菜です。これらの食材がサラダやみそ汁の具材として少量しか使われていない場合には、主菜ではなく副菜として考えます。

主菜は、筋肉の主材料となるたんぱく質のおもな供給源ですから、成長期のジュニア選手の場合には、毎食欠かさずとることがたいせつです。

主菜

●オムレツ
1人分 133kcal

●厚焼き卵
1人分 142kcal

●アジの塩焼き
1人分 89kcal

●タラの煮つけ
1人分 132kcal

●ブリの照り焼き
1人分 306kcal

●マグロの刺し身
1人分 91kcal

●エビのチリソースいため
1人分 192kcal

●カキフライ
1人分 234kcal

●豚のしょうが焼き
1人分 330kcal

●鶏肉の立田揚げ
1人分 150kcal

●酢豚
1人分 467kcal

●鶏肉の照り焼き
1人分 226kcal

●レバにらいため
1人分 220kcal

●ポークビーンズ
1人分 211kcal

●肉豆腐
1人分 303kcal

●麻婆豆腐
1人分 255kcal

Q 副菜（汁物を含む）にはどのような料理がありますか？

A 野菜、海藻類、きのこ類、芋類などを使い、小鉢やサラダボール、汁わんなどに盛りつけられることの多い料理が副菜です。

レタスやきゅうりといった色のうすい野菜ばかりでなく、ほうれん草やブロッコリー、にんじん、かぼちゃなどの色の濃い緑黄色野菜や、きのこ類、芋類、海藻類を使った副菜を毎食とり、ビタミンやミネラル、食物繊維をしっかりと補給してコンディション維持に役立てましょう。

副菜

●にんじんサラダ
1人分 87kcal

●トマトのマリネ
1人分 91kcal

●きゅうりの梅肉あえ
1人分 16kcal

●ピーマンの網焼き
1人分 21kcal

●大根の煮物
1人分 48kcal

●玉ねぎのリング揚げ
1人分 221kcal

●れんこんのきんぴら
1人分 99kcal

●レタスとわかめのスープ
1人分 11kcal

●かぼちゃのポタージュ
1人分 294kcal

●里芋の含め煮
1人分 122kcal

●こんにゃくの土佐煮
1人分 47kcal

●ポテトサラダ
1人分 224kcal

●大学芋
1人分 184kcal

●しいたけのバターソテー
1人分 53kcal

●ひじきの煮物
1人分 67kcal

●もずくと長芋の酢の物
1人分 45kcal

I章-2 食事バランスのととのえ方

Q 主食、牛乳・乳製品にはどのような料理がありますか？

A 主食とは、運動中のおもなエネルギー源であり、脳のエネルギー源としても重要な炭水化物（糖質）を豊富に含むごはんやパンやめん類を使った料理のことです。つまり、「主に食べる」と書く主食をしっかり食べることは、成長期のジュニア選手にとって非常にたいせつなのです。

一方、カルシウムやたんぱく質、ビタミンB_2が豊富な牛乳・乳製品は、スポーツも日常的に行っている成長期の子どもたちには、ぜひ毎食摂取してほしい食材といえます。牛乳に、果物や野菜、ココアや抹茶などを混ぜ、味のレパートリーを広げるのもおすすめです。

主食

● ちらしずし
1人分 464kcal

● 栗ごはん
1人分 326kcal

● 磯辺焼き
1人分 253kcal

● かけそば
1人分 321kcal

● 焼きうどん
1人分 436kcal

● ナポリタンスパゲティ
1人分 594kcal

● マカロニグラタン
1人分 545kcal

● ピザトースト
1人分 286kcal

牛乳・乳製品

● バナナミルク
1人分 181kcal

● ミルクココア
1人分 171kcal

● ジャムヨーグルト
1人分 100kcal

● ヨーグルトドリンク トマト風味
1人分 100kcal

Q 調理の手間を省きたいと思うこともあるのですが、1品で主菜と副菜がとれる料理はありますか？

A はい、あります。たとえば、酢豚にはたんぱく質が豊富な肉とともに、ビタミンやミネラルが豊富な野菜を使っているので、「主菜＋副菜」の料理としてとらえることができます。カレーライスの場合には、ごはんと、カレーの具材として肉と野菜を使っているので、「主食＋主菜＋副菜」と考えられます。また、クリームシチューは、肉、野菜、牛乳を使っているので、1皿で「主菜＋副菜＋牛乳・乳製品」の3つのお皿の役割があるといえます。

疲れていたり、時間がないときなどは、このように1皿で複数の役割を担う料理をじょうずに活用するとよいでしょう。

複合パターン

●酢豚 (作り方113ページ)
1人分 279kcal
主菜＋副菜

●肉じゃが (作り方113ページ)
1人分 328kcal
主菜＋副菜

●カレーライス (作り方113ページ)
1人分 618kcal
主食＋主菜＋副菜

●クリームシチュー (作り方113ページ)
1人分 370kcal
主菜＋副菜＋牛乳・乳製品

I章 -2　食事バランスのととのえ方

持久力系スポーツの食事

タイプ別　献立例

おもな競技種目：陸上長距離競技、クロスカントリースキー、スケート（長距離）、水泳（長距離）など

炭水化物（糖質）　**ビタミンB₁**　**鉄**　**ビタミンC**

Q 持久力系のジュニア選手は特になにに気をつけて食べればよいでしょうか？

表1　ビタミンB₁の多い食品（抜粋）

	食品名	100gあたり
主菜	豚ヒレ肉・赤肉	0.98mg
	豚もも肉・脂身つき	0.90mg
	豚ボンレスハム	0.90mg
	ウナギ・かば焼き	0.75mg
	タラコ	0.71mg
	鶏肝臓	0.38mg
	豚肝臓	0.34mg
	ベニザケ	0.26mg
	牛肝臓	0.22mg
	ゆで大豆	0.22mg
主食	米・玄米	0.41mg
	干しそば	0.37mg
	米・胚芽精米	0.23mg
その他	ごま	0.49mg
	落花生	0.23mg

A 持久力系のスポーツでは、長時間の運動が要求されるために、消費エネルギー量が多くなるのが特徴です。運動中のおもなエネルギー源は糖質と脂質で、たんぱく質も少量使われます。運動強度が高くなると、特に糖質がエネルギーとして使われるようになります。したがって、その主材料となる炭水化物をたっぷりとること、つまり主食をしっかりとることがたいせつになるのです。たとえばごはんは、1食に男子選手ならば大きめのお茶わんに山盛り1杯（220g）、女子選手ならば普通サイズのお茶わんに山盛り1杯（200g）くらいは食べるように心がけましょう。

Q 炭水化物だけをしっかりと食べておけば持久力は上がりますか？

Carb ＝炭水化物（糖質）

表2　鉄の多い食品（抜粋）

	食品名	100gあたり
	アサリ水煮缶詰め	37.8mg
	豚肝臓	13.0mg
	鶏肝臓	9.0mg
	シジミ	5.3mg
	牛肝臓	4.0mg
	アサリ	3.8mg
	納豆	3.3mg
主菜	牛もも肉・赤肉	2.7mg
	牛肩ロース肉・赤肉	2.4mg
	ゆで大豆	2.0mg
	クロマグロ・赤身	1.1mg
	ワカサギ	0.8mg
副菜	ひじき・干しひじき	55.0mg
	切り干し大根	9.7mg
	カットわかめ	6.1mg
	油揚げ	4.2mg
	小松菜	2.8mg
	ほうれん草	2.0mg
その他	ごま	9.9mg
	干しぶどう・干しあんず	2.3mg

A からだを動かすためのエネルギーを体内で作り出すときには、ビタミンB₁・B₂、ナイアシンなどのビタミンB群の存在が欠かせません。

運動強度が高くなり、大量の糖質がエネルギー源として使われるようになると、特にビタミンB₁の消耗が多くなることがわかっています。したがって、ビタミンB₁を食事からしっかりと補給しておくことも持久力アップの決め手となります。ビタミンB₁を多く含む食材は、豚肉、ウナギ、レバー、サケ、ごまです 表1 。これらの食品を意識的に食べるようにすることがたいせつです。

また、ビタミンB₁の体内への吸収を促す食材には、ねぎや玉ねぎなどのねぎ類があります。料理のアクセントにねぎ類を使うのも手です。

持久力系の夕食献立 (作り方113㌻)
1人分 962kcal

主菜の麻婆豆腐には豚ひき肉を入れてビタミンB_1の強化をはかるとともに、白髪ねぎを散らしてビタミンB_1の吸収力をアップさせています。また、貧血予防のために、鉄分の豊富なアサリスープ、三色ナムルのほうれん草、麻婆豆腐の豆腐を使いました。ただし、貝類や植物性食品の中に含まれている鉄は体内には吸収されにくいので、吸収力アップの助っ人として、ビタミンCをたっぷりと含むグレープフルーツをデザートに添えています。

●副菜／三色ナムル 1人分 66kcal Fe V.B1 V.C
●果物／グレープフルーツ 1人分 38kcal V.C
●牛乳・乳製品／牛乳 1人分 134kcal Pro Ca
●副菜／生春巻き 1人分 114kcal Pro Fe
●主菜／麻婆豆腐 1人分 201kcal Pro Ca Fe V.B1
●主食／ごはん 1人分 338kcal Carb
●汁物／アサリ中華スープ 1人分 71kcal Fe

Q その他、持久力と関係する栄養素はありますか？

表3 ビタミンCの多い食品(抜粋)

食品名	100gあたり
赤ピーマン	170mg
黄ピーマン	150mg
パセリ	120mg
ブロッコリー	120mg
なばな・洋種	110mg
カリフラワー	81mg
青ピーマン	76mg
れんこん	48mg
かぼちゃ	43mg
キャベツ	41mg
ほうれん草	35mg
じゃが芋	35mg
さつま芋	29mg
柿・甘柿	70mg
キウイフルーツ	69mg
いちご	62mg
ネーブルオレンジ	60mg
バレンシアオレンジ	40mg
グレープフルーツ	36mg
温州みかん	35mg

A 持久力系のスポーツをする選手の中には、鉄欠乏性貧血を訴える人が多いのが特徴です。ジュニア期から鉄を多く含む食品を積極的に食べて、早いうちから貧血予防を心がけましょう。鉄を多く含む食品 **表2** は、レバー、赤身の肉、魚、緑色の濃い葉物の野菜（ほうれん草や小松菜など）、ひじきやわかめなどの海藻類、豆腐や納豆などの大豆製品、アサリ、シジミなどの貝類などが上げられます。また、鉄は消化吸収しにくい栄養素の一つです。鉄の吸収をあげるためには、ビタミンCが豊富な食材 **表3** をいっしょにとることをおすすめします。それには、毎食、野菜をたっぷりとることと、酸味のある柑橘系の果物やいちご、キウイフルーツなどを組み合わせるとよいでしょう。

I章-2 食事バランスのととのえ方

瞬発力系スポーツの食事

おもな競技種目：陸上短距離、柔道、レスリング、体操など

`たんぱく質` `炭水化物（糖質）`

タイプ別 献立例

Q 瞬発力系のスポーツではどのようなことに気をつければよいでしょうか？

A 瞬発力系スポーツでは、強い筋力が求められます。中学校2、3年生くらいになると全身の筋肉量が増え、それに伴って筋力が増加し始めます。したがって、筋肉量を増やすためには筋肉の材料となる栄養素（良質のたんぱく質）を充分にとることがたいせつです。また、それと同時に筋力トレーニングを行うことも重要です。どちらか一方だけでは筋肉量は増やせません。

Q 筋肉を増やすためにはどんな食事をとればよいでしょうか？

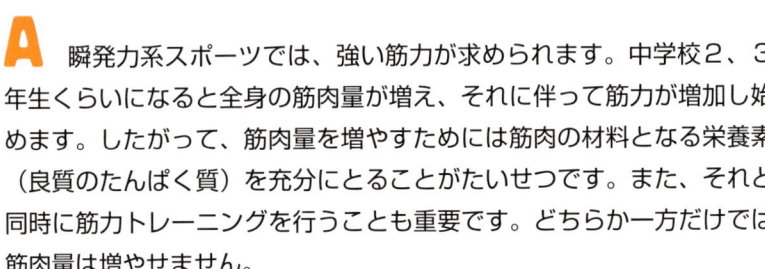

A 筋肉の材料となる良質たんぱく質食品を充分にとることがたいせつです。良質のたんぱく質食品とは、からだ作りに欠かせない必須アミノ酸の組成が理想的に含まれている肉類、魚類、卵類、大豆・大豆製品、牛乳・乳製品のことをいいます **表4**。これらの中から種類の異なる良質のたんぱく質食品を2種類以上組み合わせて食べるようにします。

表4 たんぱく質の多い食品（抜粋）

食品名	100gあたり
マグロ・赤身	24.3g
ウナギ・かば焼き	23.0g
鶏ささ身	23.0g
ベニザケ	22.5g
牛・ローストビーフ	21.7g
豚もも肉 皮下脂肪なし	21.5g
アジ	20.7g
牛ヒレ肉	20.5g
鶏胸肉 皮つき	19.5g
豚ロース肉 脂身つき	19.3g
サンマ	18.5g
エビ・ブラックタイガー	18.4g
イカ・スルメイカ	18.1g
納豆	16.5g
さつま揚げ	12.5g
鶏卵	12.3g
もめん豆腐	6.6g
プロセスチーズ	22.7g
加工乳・低脂肪	3.8g
普通牛乳	3.3g

たんぱく質の必要量は、一般成人であれば体重あたり1g程度です。しかし、成長期の子どもの場合は、成長のためとからだ作りのために余分にたんぱく質が必要なので、体重あたり2g程度が目安となります。

体重が44kgくらいのジュニア選手に1日に食べてもらいたい良質たんぱく質食品は、20ページに示す主菜の表のとおりです。

Q 効率よく筋肉を増やすためには、どのようなタイミングで食事をとればよいでしょうか？

A 練習や試合が終わったあと、なるべく早く良質のたんぱく質食品を食べることで筋肉組織の合成が高まるといわれています。練習が終わ

瞬発力系の夕食献立 （作り方114ﾍﾟｰｼﾞ）
1人分 1054kcal

この献立例では、魚介類（アジ、エビ、イカ）のフライと筑前煮の鶏肉というように、2種類以上の良質たんぱく質食品を組み合わせています。そのほか、せっかくとったたんぱく質がエネルギー源として使われないようにするために、主食をしっかりとれるようにしています。

●副菜／筑前煮　Pro　V.C
1人分 103kcal

●主菜／シーフードフライ　Pro Ca Fe V.B1
1人分 374kcal

●牛乳・乳製品／牛乳　Pro Ca
1人分 134kcal

●副菜／きゅうりとわかめの酢の物
1人分 19kcal

●果物／りんご
1人分 43kcal

●主食／ごはん　Carb
1人分 338kcal

●汁物／にんじんとほうれん草と花麩のみそ汁　Fe V.C
1人分 43kcal

って帰宅したら、できるだけ早く食事が食べられるように準備をしておきましょう。

Q 筋肉増加の効果を高めるための方法はありますか？

A ごはんやパン、めん類などの炭水化物（糖質）量を充分に確保しておくことが肝心です。筋肉増加のために良質のたんぱく質食品をしっかりとったとしても、エネルギー源を食事からきちんととれていなければ、体たんぱく質（筋肉などからだの中のたんぱく質）の分解が促されます。つまり、筋肉をこわすことによってエネルギーを供給するようになってしまうのです。

I章-2 食事バランスのととのえ方

混合系（球技系）スポーツの食事

タイプ別 献立例

おもな競技種目：サッカー、バスケットボール、バレーボール、野球、テニス、卓球、ラグビーなど

炭水化物（糖質）　ビタミンB₁　鉄　たんぱく質　カルシウム　ビタミンC

Q 球技系種目のジュニア選手は、特にどのようなことに気をつけて食事をとればよいでしょうか？

A サッカーやバスケットボール、野球、バドミントン、バレーボール、卓球、ラグビーなどの競技では、ダッシュやシュート、スマッシュ、アタックといった瞬発力や筋力を要するプレーと、約1時間あるいはそれ以上の長い時間動き続けるスタミナ（持久力）が必要とされます。したがって、食事面では、30～33ページで紹介した持久力系（糖質＋ビタミンB₁）と瞬発力系（たんぱく質）の両方がポイントとなります。

Q サッカーをしていますが、練習や試合前になにを食べるかで、競技力は変わりますか？

A 左図は、ヨーロッパのサッカー選手が、試合前に炭水化物（糖質）をしっかりとり、筋肉中のグリコーゲン貯蔵量（筋グリコーゲンレベル）を高めておいた場合（左）と、炭水化物をあまりとらずに筋グリコーゲンレベルが低い状態のまま試合に臨んだ選手（右）のゲーム中の移動距離を示しています。炭水化物をたっぷり摂取し、筋グリコーゲンレベルを高めておいた選手は1試合で約12km動き、なおかつ移動方法はジョギング＆スプリントが80％でした。

一方、炭水化物をあまりとらずに筋グリコーゲンレベルが低い状態のまま試合に臨んだ選手では、移動距離は9.6kmとサッカー選手の1試合平均の移動距離である10kmを下回っていました。そして、移動内容もジョギング＆スプリントと歩行がほぼ半々となっていたのです。これらの結果は、体格や運動継続時間の差異はあるものの、球技を行っているジュニア選手にも参考になると考えられ、運動前に、ごはんやパン、サンドイッチなどの炭水化物をしっかり補給しておくべきといえるでしょう。

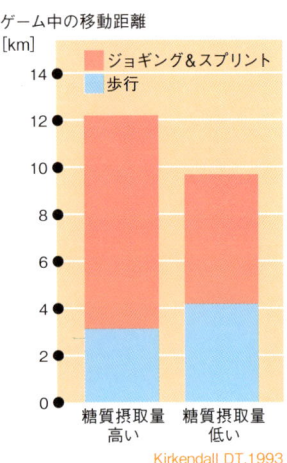

図　糖質摂取量の違いがゲーム中の動きに及ぼす影響

Kirkendall DT. 1993

運動中のおもなエネルギー源となる炭水化物（糖質）はごはんとさつま芋からしっかり補給できるようになっています。その炭水化物（糖質）の点火材となるビタミンB_1は、豚肉からたっぷり補給しています。

一方、当たり負けしないからだ作りに欠かせないたんぱく質は、主菜の豚肉、牛乳・乳製品を使った杏仁豆腐から、骨作りに欠かせないカルシウムはサラダのじゃこから補給が可能です。キウイフルーツ、主菜のつけ合せのパプリカからはビタミンCが摂取できます。

球技系の夕食献立 （作り方114ページ）
1人分 1077kcal

- ●副菜／さつま芋とりんごの重ね煮　Carb　V.C
  1人分 122kcal
- ●主菜／豚肉のピカタ カラフルピーマン添え
  1人分 422kcal　Pro　Ca　Fe　V.B1　V.C
- ●果物／キウイフルーツ　V.C
  1人分 53kcal
- ●牛乳・乳製品／杏仁豆腐
  1人分 91kcal　Pro　Ca
- ●副菜／じゃこサラダ
  1人分 35kcal　Ca　V.C
- ●主食／ごはん　Carb
  1人分 338kcal
- ●汁物／ジュリアンヌスープ　V.C
  1人分 16kcal

Q 球技系種目では接触プレーがある競技も少なくありません。当たり負けしないからだを作るポイントはありますか？

A ラグビーやバスケットボール、サッカーなどの球技では、相手と激しくぶつかり合うシーンが数多く見られます。さらに、くり返し起こる急なストップターンなどの衝撃に耐えうるためには、しっかりとした骨格とじょうぶな筋肉、そして柔軟で強い靭帯が不可欠です。

そのため食事では、筋肉の主材料であるたんぱく質を豊富に含む肉や魚、卵、大豆製品や牛乳・乳製品（32ページ 表4）と、骨格作りに欠かせないカルシウムを含む牛乳・乳製品、葉物の野菜、大豆製品、乾物類（36ページ 表5）と、靭帯やアキレス腱などの合成に欠かせないビタミンCを含む果物（31ページ 表3）などを充分に摂取するとよいでしょう。

I章-2　食事バランスのととのえ方

スポーツ障害予防の食事

カルシウム　たんぱく質　ビタミンC　低脂肪

タイプ別　献立例

Q けがを予防するためには、食事面でどのような配慮をすればよいでしょうか？

A 70〜73ページにあるように、小・中学生が体育やスポーツ活動中に負傷した内容をみると、骨折と捻挫が高い割合を示しています。骨折を予防するためには、骨の主材料となるカルシウム 表5 はもちろんのこと、たんぱく質（32ページ 表4）やマグネシウム、ビタミンDなどの栄養素もあわせて補給することがたいせつです。特に成長期は骨の形成が活発であり、男女とも12〜14歳のカルシウム推定平均必要量は他年代に比べ、最も多いので積極的に摂取しましょう。

マグネシウムはのり、こんぶ、ごまなどに多く含まれます。カルシウムの吸収を促進するビタミンDは干ししいたけや卵、サバやイワシなどの青背魚、レバーなどに豊富に含まれますので、カルシウムが豊富な食材（牛乳・乳製品や大豆製品）と合わせて食べるようにしましょう。

一方、捻挫（靭帯損傷）予防のためには、日ごろから靭帯や腱を強化しておくことがたいせつです。靭帯の構成成分であるコラーゲンたんぱく質の合成には、ビタミンC（31ページ 表3）が不可欠なので、たんぱく質源（32ページ 表4）といっしょに柑橘系の果物やキャベツ、ほうれん草、じゃが芋などをとるとよいでしょう。

表5　カルシウムの多い食品（抜粋）

Ca

食品名	100gあたり
干しエビ	7100mg
サクラエビ	2000mg
カタクチイワシ・みりん干し	800mg
シラス干し	520mg
ワカサギ	450mg
マイワシ・丸干し	440mg
厚揚げ	240mg
ひじき・乾	1400mg
乾燥わかめ・素干し	780mg
凍り豆腐	660mg
切り干し大根	540mg
がんもどき	270mg
大根・葉	260mg
モロヘイヤ	260mg
かぶ・葉	250mg
京菜	210mg
エメンタールチーズ	1200mg
プロセスチーズ	630mg
プレーンヨーグルト	120mg
牛乳	110mg

（主菜／副菜／牛乳・乳製品）

Q けがをして練習を休んでいます。食事で気をつけることはありますか？

A けがや病気で練習を数日間休む場合は、ふだんと比べて消費エネルギー量が減少します。「ジュニア選手の食事基本スタイル」をそろえつつも食事量や内容をコントロールするとよいでしょう。ポイントは、脂質とエネルギー量をおさえ、たんぱく質やビタミン、ミネラルなどの栄養素をしっかりと補給することです。

①低脂肪食材（白身魚や鶏ささ身など）の活用、②油を使わない調理法（蒸す、ゆでる、網焼きなど）を用いる、③油脂量の少ない調味料や香辛料（しょうゆ、レモン、とうがらしなど）をじょうずに用いる 図。これらによって食事のボリュームは減らしすぎずに、栄養密度の高い低脂肪の食事をそろえることができます。

スポーツ障害予防の夕食献立 （作り方115ページ）
1人分 737kcal

主菜には、低脂肪高たんぱく質食材の代表ともいえる鶏ささ身を使い、明太子と青じそで味にアクセントを持たせています。つけ合わせには、低カロリーのきのこを用いました。サラダには噛みごたえのあるきゅうりや、たんぱく質豊富な豆腐、プチトマトを加えて彩りよく盛りつけました。スープにはカルシウム豊富な青梗菜を用い、果物と牛乳・乳製品はデザート感覚で食べられる、低脂肪のカテージチーズとビタミン豊富なフルーツを使った1品を組み合わせました。

●主菜／鶏ささ身明太ロール巻き Pro Fe V.B1 V.C
1人分 184kcal

●牛乳・乳製品＋●果物／フルーツのカテージチーズあえ Pro Ca V.C
1人分 111kcal

●副菜／豆腐サラダ Pro Fe V.B1 V.C
1人分 70kcal

●主食／ごはん Carb
1人分 338kcal

●汁物／青梗菜とハムのスープ Ca V.B1 V.C
1人分 34kcal

図 素材・調理法・調味料の組み合わせ

高 ← エネルギー → 低

	超高エネルギー食品	高エネルギー食品	中エネルギー食品	低エネルギー食品	超低エネルギー食品
素材	●ベーコン ●ウインナー ●牛、豚バラ肉 ●豚ロース肉 ●牛、豚ひき肉	●鶏ひき肉 ●鶏手羽 ●牛、豚肩肉 ●マグロトロ ●サバ ●ブリ	●豚もも肉 ●豚ヒレ肉 ●牛、豚、鶏レバー ●サケ ●アジ ●マグロ赤身	●鶏ささ身 ●タラ ●アサリ ●イカ、タコ ●野菜類 ●豆腐	●きのこ類 ●海藻類 ●こんにゃく
調理法	●天ぷら ●かき揚げ	●フライ ●唐揚げ ●素揚げ	●炒める ●油で焼く	●煮る ●生のまま	●網焼き ●ゆでる ●蒸す
調味料	●サラダ油 ●バター ●マヨネーズ	●ドレッシング	●ソース ●ケチャップ	●ノンオイルドレッシング ●ポン酢 ●しょうゆ	●そのまま食べる

Ⅰ章-2 食事バランスのととのえ方

❹ 朝食について

Q なぜ朝食を食べなければいけないのでしょうか？

A 朝食には次の3つの意義があるからです。

私たちのからだは寝ている間に約1℃も体温が低下しますので、朝食を食べて体温を上げることがたいせつです。食事を摂取している最中から体温を上昇させるためには、食事によって誘発されるエネルギー量（食事によって体内に吸収された栄養素の一部が、体熱となって消費されるエネルギー量のこと）が炭水化物（糖質）や脂質に比べて多いたんぱく質の摂取を心がけるとよいでしょう。具体的には、ウインナソーセージやハム、焼き魚、卵焼き、温泉卵、納豆などを朝食にとり入れるとよいでしょう。

文部科学省の調査によると、朝食を摂取している人のほうが勉強（テスト・13ページ参照）や新体力テストで良好な結果を示しています。したがって、勉強も運動も日々熱心に励んでいるジュニア選手の場合には、エネルギー源となるごはんやパン、おもち、シリアル、めん類などの主食を朝食からしっかり摂取することがたいせつです。

朝食を摂取することにより、胃腸の働きが活発になり、便意をもよおしやすくなります。また、水溶性のビタミン類（ビタミンCなど）はからだに蓄えておくことができないため、毎食しっかり補給することがたいせつです。つまり、野菜や海藻類、きのこ類を使った副菜をとることによって良好なコンディションの維持にも役立たせることができるのです。

朝食の意義
1. 体温を上昇させる
2. 勉強や運動をするときのエネルギー源の確保
3. かぜや便秘を予防し、良好なコンディションを維持する

Q 朝食は「ごはん食」のほうがよいのでしょうか？

A 主食がごはんでもパンでも問題ありません。ただし、パン食の場合でも「ジュニア選手の食事基本スタイル」をそろえることがたいせつです。また、パン食の場合には、ジャムやバターをつけたり、パン自体にバターや砂糖がたっぷり使われているものもあるので、甘いデニッシュパンを一度に3個も4個も食べることは控えたほうがよいでしょう。

パン食同様に、シリアルやおもち、めん類が主食となるケースもあると思いますが、その場合にも主菜、副菜2品（もしくは副菜と汁物）、牛乳・乳製品、果物をそろえるようにしましょう。

パンが主食の ハムエッグの朝食献立
（作り方115ページ）
1人分 1009kcal

- 🟠主食／ライ麦食パン ジャム添え 419kcal
- 🔴主菜／ハムエッグ 171kcal
- 🟢副菜／ビーンズサラダ 164kcal
- 🟢汁物／コーンスープ 147kcal
- 🟣牛乳・乳製品／加糖ヨーグルト 80kcal
- 🔵果物／オレンジ 28kcal

主食にはビタミンB₁が豊富なライ麦パンを使用。主菜のハムエッグや副菜のビーンズサラダ、牛乳・乳製品のヨーグルトからたんぱく質が充分にとれます。コーンスープとオレンジからは糖質と水分を補給することができます。

Q 朝寝坊してしまいました。それでもなにか食べなくてはいけないのでしょうか？

A 38ページでも紹介したように、朝食をとることは非常にたいせつです。したがって、寝坊した場合でもなにかおなかに入れて出かけましょう。手軽に素早くとれるドリンクを4種類紹介します。もちろんこのドリンク1杯ですべての栄養素を補給することはできませんが、時間がないときや食欲がない場合に活用するのも一案です。使う食材は、野菜や果物、牛乳・乳製品などを用いるとよいでしょう。また、甘味が足りない場合にははちみつやシロップをプラスすると飲みやすくなります。

ドリンクを作る際のポイントは、①ミキサーにかける時間を短くする、②調理後はすぐに飲む、③酸化防止役となるレモン（ビタミンC）を少量加える、です。鮮度のよい野菜もミキサーやハンドブレンダーにかけると時間がたつにつれ、ビタミンCがこわれてしまいますので、作ったらすぐ飲むことがポイントです。

手作りジュース

●**バナごまジュース**
1人分 207kcal

●**キャロットジュース**
1人分 145kcal

●**ベジヨーグルトドリンク**
1人分 140kcal

●**グレープビネガードリンク**
1人分 75kcal

材料
- バナナ……… 2/3本（70g）
- 生パイナップル……120g
- 練り白ごま………小さじ2
- レモン汁…………小さじ1

すべての材料をミキサーにかけ、グラスに注ぐ。

材料
- にんじん……2/3本（100g）
- マーマレード………大さじ2
- レモン汁…………小さじ1
- 水………………1/3カップ弱

すべての材料をミキサーにかけ、グラスに注ぐ。

材料
- 小松菜………………75g
- クレソン……………30g
- ヨーグルト…………100g
- はちみつ…………大さじ1
- レモン汁…………小さじ1

すべての材料をミキサーにかけ、グラスに注ぐ。

材料
- 果実酢（グレープビネガー。好みのものでよい）…1/3カップ
- 水………2/3カップ弱（130ml）
- はちみつ…………大さじ1
- 塩…………………少量

すべての材料を混ぜ合わせ、グラスに注ぐ。

I章-2 食事バランスのととのえ方

5 栄養バランスのとり方

簡単料理パターン

Q 時間がないときは、インスタントラーメンで昼食をすませてもよいでしょうか？

A 成長期のジュニア選手にとって、基本的には食べてはいけないものはありません。しかし、私たちのからだはすべて食べ物から作られていること（17ページ）を考慮すると、賢く選んで食べることがたいせつです。具体的には、主食のラーメンだけですまさずに、手軽にそろえられる食材をプラスして栄養バランスを充実させるとよいでしょう。

ラーメンに生卵を割り入れることで主菜が加わり、乾燥わかめとコーンをプラスすることで副菜が加わります。さらにプチトマトや手でちぎったレタスを器に盛れば、立派なサラダとして副菜の1皿をそろえることができます。そしてヨーグルトと果物を添えれば、完璧な「ジュニア選手の食事基本スタイル」になります。

インスタントラーメンのみの献立
主食
1人分 430kcal

栄養バランスのとれたインスタントラーメンの献立（作り方115ﾍﾟｰｼﾞ）
主食 ＋ 主菜 ＋ 副菜 ＋ 牛乳・乳製品 ＋ 果物
1人分 707kcal

6 間食・補食について

市販品・コンビニ食品

Q 練習前後の補食をコンビニで買うときのポイントは？

A 空腹でも満腹でも思いどおりの練習はできません。練習前後の食事の間隔があきすぎるような場合には、補食をとるようにしましょう。

練習前はおにぎりやあんパン、ジャムパン、あんまんなどの炭水化物（糖質）が豊富な食品をチョイスして運動中のエネルギー源を確保します。

練習開始まで時間があまりない場合には、果物やゼリー、果汁100%ジュース、エネルギーゼリーなどエネルギー源として速効性のある糖分を補給するとよいでしょう。

練習後の補食では、エネルギーゼリーやバナナ、果汁100%オレンジジュース、ヨーグルトドリンクやフルーツヨーグルト、おにぎりやサンドイッチ、肉まん、牛乳などを摂取して炭水化物、たんぱく質などの栄養補給を行い、疲労回復促進に努めるようにしましょう。

市販品

- おにぎり（梅、こんぶ、サケ）
- サンドイッチ（野菜、ハム、卵）
- 中華まん（あんまん、肉まん）
- ジャムパン
- あんパン

- ゼリー（桃やグレープフルーツなどフルーツ入り）
- エネルギーゼリー
- ヨーグルト（プレーンorフルーツ味）90～130g

- バナナ
- みかん、オレンジ、グレープフルーツ

- 牛乳
- 飲むヨーグルト
- オレンジ、グレープフルーツ果汁100%ジュース 200g

I章-2 食事バランスのととのえ方

7 トレーニング前後の補食を手作りする

手作り補食

Q 練習が午後6時から始まります。練習前に食べたらよい料理としておすすめはどんなものですか？

A 運動前に摂取したい栄養素は、運動中のおもなエネルギー源となる炭水化物（糖質）です。胃内停滞時間の長い油っぽい料理は控えるようにしましょう。練習開始まで2時間程度ある場合には、うどんやサンドイッチ、小さめの親子丼や中華丼、夏場であればのど越しのよい冷製パスタ、冬ならポトフなどもよいでしょう。また、練習開始まで1時間程度の場合には、焼き芋（ふかし芋）や小さめのおにぎり、カットフルーツ、ゼリーなどを用意するとよいでしょう。

● トマトの冷製パスタ
1人分 379kcal

● ふかし芋
1人分 131kcal

手作り
（作り方 115ページ）

● 中華丼
1人分 242kcal

● ポトフ
1人分 221kcal

❽ とりにくい栄養素を補食でカバーする

Q 食事で不足しがちな栄養素を補食でとりたいと思います。おすすめの料理は？

A 成長期のジュニア選手にとって不足しがちな栄養素として、カルシウム（36ページ 表5）と鉄（30ページ 表2）があげられます。

カルシウムは、牛乳・乳製品や大豆製品、葉物の野菜や乾物などに含まれています。

鉄は、レバーや赤身肉、鶏卵、ひじき、貝類、葉物の野菜に豊富に含まれています。ただ、鉄だけ摂取しても酸素運搬の働きがあるヘモグロビンは形成されないため、肉や魚、卵、大豆類に含まれるたんぱく質、鉄の吸収を促進するビタミンC（柑橘類、いちご、青菜など。31ページ 表3）といっしょにとるとよいでしょう。

●ホットサンド Pro Ca Fe
1人分 312kcal

●お好み焼き Pro Ca Fe V.C
1人分 330kcal

手作り
（作り方 116㌻）

●タコライス Pro Ca Fe V.C
1人分 256kcal

●バナナオレ Pro Ca
1人分 128kcal

対象別解説 column 05 子ども向け

食事バランスのとり方

●田口素子

バランスのよい食事をとることも
トレーニングの一つだ！

　強いからだを作り競技成績を向上させるためには、しっかりと練習をこなさなくてはなりません。みなさんも日々の練習に一生懸命にとり組んでいることと思います。しかし、食事面ではどうでしょうか。練習と同じくらい一生懸命に食べていますか？

　強いチーム、あるいは将来もっともっと強くなりたいという目標を持っている選手ほど、食事をしっかり食べていることがわかっています。そして、日本を代表して戦っている選手たちのほとんどが、子どものころからしっかり食事をとっていたと語っています。

　トレーニングにより、からだの古い組織がこわされ、新しい組織に入れかわるスピードは速くなります。そのため、からだ作りの材料となるエネルギーや、各栄養素をバランスよくとらなくてはなりません。練習で疲れて食欲がないときでも、練習をすることによってエネルギーや栄養素はたくさん消費されていきますから、食べることもトレーニングの一つと考えて、帰宅後は食べることと休むことをいちばんに考えましょう。一度にたくさん食べられない人は、補食でとってください。

　また、練習のない日でも、からだの中では新しい組織作りが盛んに行われています。ですから、食事を減らす必要はなく、いつもどおりの食事をとってください。そして、練習のない日には、友達と遊んだりすることもあると思います。そんなときは、お菓子やジュース類をとりすぎないように気をつけましょう。お菓子やジュース類には砂糖や脂肪分が多く、エネルギーはとれても、からだ作りや練習に必要な栄養素はあまり含まれていません。そのうえ、食事前に食べてしまうと食欲がなくなり、好き嫌いをしたり、食事のバランスをくずすことにもつながるのです。

　頭でわかっていても、なかなか実行に移すのはむずかしいことですね。何かわからないことや問題点を見つけたら、学校の栄養士や、保健室の先生などの専門家に気軽に相談してください。バランスのよい食事をとるように心がけることもトレーニングの一つなのです。

対象別解説 column　保護者向け

食事バランスのとり方

●田口素子

スポーツをする子どもはメニューを変えるべきか？

　スポーツをする子どもを持つ保護者のかたは、毎日の食事の準備や弁当、補食作りでたいへんなことでしょう。練習で疲れたときには何を食べさせたらよいのか、練習がある日とない日の食事内容は変えるべきなのか、家族とは別の献立にするべきなのか、などといった食事の悩みがつきないことと思います。

　筋肉や血液、骨などが、新しい組織に入れかわるには、ある程度の時間を必要とします。食べたものがすぐに新しい筋肉や骨などになるわけではありません。また、運動をすることにより新陳代謝のスピードが速くなるため、からだ作りの材料となる各栄養素を毎日の食事からしっかり確保しなくてはなりません。さらに、練習によってエネルギー消費量も増加しますが、運動後もからだを回復させるためのエネルギーが余分に使われています。したがって、練習がある日とない日の食事内容を厳密に変える必要はありません。毎食ごとに主食、主菜、副菜２品、牛乳・乳製品、果物をそろえ、欠食をせずにしっかり食べるという「ジュニア選手の食事基本スタイル」にのっとり、日々の食事を充実させるようにくふうしましょう。多くの手間はかけずに栄養バランスをととのえるには、各栄養素が多く含まれる食品について学んだり、合理的なアレンジ方法を身に着けてください。

　さらに、この時期は成長期でもあるので、成長に必要なエネルギー量やたんぱく質などの栄養素をきちんととる必要があります。「日本人の食事摂取基準（2010年版）」（厚生労働省）では、12歳のたんぱく質の推奨量は大人と同じ60gですが、体重は子どものほうが小さいことを考えると、体重あたりでは大人より子どものほうが多くの量が必要なことがおわかりいただけるでしょう。しかし、食事は家族と別の献立にする必要はありません。原則として家族と同じメニューでかまいませんが、一品ごとの量は大人と同じか、やや多めにすればよいでしょう。

　ただし、正月休みや長期間練習が休みになるような場合には、主食や主菜の量は多すぎず、補食や間食を食べすぎないように注意するなどの調整をしてください。

対象別解説 column 栄養士・指導者向け

食事バランスのとり方
練習がある日とない日の食事バランス

●田口素子

　筋肉や血液、骨などが新しい組織に入れかわるには、ある程度の時間を必要とします。たとえば、筋肉のたんぱく質の代謝回転をみると、その4割は代謝が遅く、新しい組織にかわるまで100日程度かかります。このように、食べたものがすぐに新しい筋肉や骨などになるわけではありません。一方で、運動をすることにより、体たんぱく質の分解と合成のスピードは速まりますが、練習をした日だけではなく、練習をしない日にも代謝は活発に行われます。この時期は成長期でもありますので、成長に必要なエネルギー量、および、組織の維持や蓄積に必要なたんぱく質やミネラルの量は、毎日きちんと摂取させなくてはなりません。

　また、練習によってエネルギー消費量が増加しますが、練習後もからだを回復させるためのエネルギーが使われます。この現象はEPOC（Excess Post-exercise Oxygen Consumption）とよばれており、激しい運動を長時間行った場合には、運動後、数時間～数十時間にわたってエネルギー代謝が亢進することが知られています。次の日に練習をしなかったとしても、この代謝亢進は続くことがあります。

　1週間あたりの練習の回数は、種目やチームによりさまざまでしょうが、このようにからだの代謝面から考えると、練習がある日とない日の食事内容を厳密に変える必要はありません。毎食ごとに主食、主菜、副菜2品、牛乳・乳製品、果物をそろえ、欠食をせずにしっかり食べるという「ジュニア選手の食事基本スタイル」にのっとり、日々の食事を充実させるように指導してください。

　ただし、正月休みや長期間練習が休みになるような場合には、主食や主菜の量は多すぎず、補食や間食を食べすぎないように注意するなどの調整が必要です。あくまでもたいせつなのは、練習で消費した分のエネルギーにあわせて、食事をとらせることなのです。

Ⅱ-1
愛情をかけて料理する

Ⅱ-2
保護者のための
簡単料理パターン

Ⅰ章

Ⅱ章

Ⅲ章

愛情をかけて料理する

●文・献立／こばたてるみ

① 彩りや盛りつけを美しく

Q ジュニア選手に残さず料理を食べてもらうためには、どのような点に気をつければよいでしょうか？

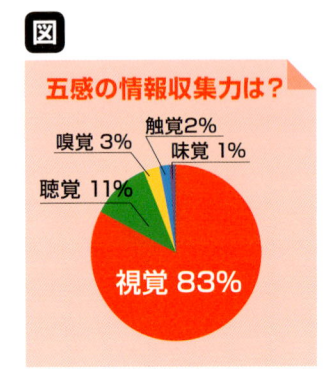

図 五感の情報収集力は？
視覚 83%
聴覚 11%
嗅覚 3%
触覚 2%
味覚 1%

A ジュニア選手の献立を考える場合、年齢や性別、体格や活動量、競技特性やトレーニング内容、嗜好、栄養バランス、そのほか旬や経済面などを考慮して食事の内容やボリュームを決定していきます。ただ、どんなに栄養面では優れた料理だとしても、「見た目」がおいしそうでなければ、なかなか残さずに食べてもらうことができません。

なぜなら、私たちの五感の情報収集力は、左の図に示したように、視覚が8割以上を占めているからです。したがって、彩りや盛りつけの美しさなども、食事を提供するうえで非常に重要なのです。

Q 食欲増進の色はありますか？

A 暖色系、つまり赤やオレンジ、黄色などが「食欲増進の色」といわれています。逆に、寒色系の青などは「食欲減退の色」といわれています。ただ、ショッキングピンクや蛍光の黄色など派手すぎる色の器に料理を盛ると、料理のよさをそこないかねません。器の色やつけ合わせの料理、カトラリー（ナイフ、フォークなど）やランチョンマットなど、食をトータルにコーディネートすると、より食卓が華やぐことでしょう。

Q 黒など地味な色の食材も料理にとり入れたほうがよいでしょうか？

A のりやひじき、黒豆、黒米、黒ごまなど黒色の食材には、ミネラルや食物繊維が豊富に含まれていることが多いので、ぜひ暖色系の食材だけでなく、彩り豊かな食卓を目指しましょう。

白いごはんや芋類などには炭水化物（糖質）が、赤茶色の肉や魚などの赤茶色にはたんぱく質や鉄などが豊富に含まれています。緑色の野菜や海藻類にはビタミンやミネラル、黄橙色のオレンジなどにはビタミンC、黒色の食材にはミネラルや食物繊維が豊富なことから、さまざまな色の食材を組み合わせることによって栄養バランスがよくなるのです。

Q 料理をおいしそうに見せ、食欲を増進させるにはどんな点に配慮すればよいでしょうか？

A 食器やランチョンマット、カトラリー選びはもちろんのこと、盛りつけ方をひとくふうすることで料理がグッと引きしまり、おいしそうに見せることができます。

超簡単で絶大な効果を発揮するのが"天盛り"や"つけ合わせ"です。下の写真のように、きゅうりとわかめの酢の物の上に淡黄色の「針しょうが」を天盛りすることによって料理が引き立ちます。しょうゆや食材の色で全体が茶系に偏りがちな筑前煮も、緑のさやえんどうを添えることでおいしそうに見えるのではないでしょうか。

さつま芋とりんごの重ね煮もレーズンを加えることで華やかになります。また、主菜のピカタも緑、黄、赤のカラフルなパプリカをつけ合わせとして添えることによってボリューム感が増し、鮮やかな彩りによって食欲が増進されることでしょう。

このように、ちょっとしたくふうで料理をおいしそうに見せることができ、食べる人の食欲を引き出すことができるのです。

●わかめときゅうりの酢の物　＋プラス　針しょうが ▶

●筑前煮　＋プラス　さやえんどう ▶

●さつま芋とりんごの重ね煮　＋プラス　レーズン ▶

●豚ピカタ　＋プラス　パプリカ3種盛り ▶

Ⅱ章-1　愛情をかけて料理する

❷ 調理法のバリエーションを豊かに

Q バランスのよい献立を立てるには、どのような点に配慮したらよいでしょうか？

A 48〜49ページに示したように、献立を立てる際には、栄養面、経済面、季節感、嗜好などのほか、料理の彩りにも配慮することがたいせつです。さらには味つけや調理法もバリエーション豊かにすると、料理の幅が広がります。

献立を考える際の一例として、**表1**、**表2**のような献立表を用意すると視覚的にもわかりやすくバラエティー豊かな料理を食卓に並べやすくなります。具体的には、表の縦欄に「ジュニア選手の食事基本スタイル」に登場する6皿の名を書き、横欄には調理法を並べます。できるだけ調理法が重ならないように献立を考えていきます。また、料理の色を表の中に書き込むことにより彩りも確認することができます。しょうゆやみそなど日本の伝統的な調味料を用いることにより茶系の料理ばかりが並んでいないか、揚げ物ばかりでエネルギー過多になっていないか、「ジュニア選手の食事基本スタイル」がきちんとそろっているかなど、この表を用いることによって一目瞭然です。慣れてしまえば頭の中で考えることもできると思いますが、初めはこのような表を作り、ジュニア選手にとってバランスのよい食事を作るのに役立てるとよいでしょう。

表1 バランスのよい献立例／持久力系の夕食献立

	生	ゆでる・炊く	煮る	焼く	いためる	揚げる	あえる
主食		ごはん					
主菜					麻婆豆腐		
副菜	生春巻き						三色ナムル
汁物			アサリ中華スープ				
牛乳・乳製品	牛乳						
果物	グレープフルーツ						

表2 バランスのよい献立例／瞬発力系の夕食献立

	生	ゆでる・炊く	煮る	焼く	いためる	揚げる	あえる
主食		ごはん					
主菜						シーフードフライ	
副菜			筑前煮				きゅうりとわかめの酢の物
汁物			にんじんとほうれん草と花麩のみそ汁				
牛乳・乳製品	牛乳						
果物	りんご						

Q ヘルシーに仕上げる調理法を教えてください。

A 50ページの表1に示したように、生、ゆでる、焼くなどの調理方法は、食材自体のエネルギー量と大差がありません。また、煮る、いためる、あえるといった調理法も揚げ物などに比べると非常に低エネルギーです。しかし、食材自体に油脂をたくさん含んでいるものや、マヨネーズ、カレールー、ドレッシングなどの油脂をたっぷり含んだ調味料を使うことによってエネルギー（カロリー）量はグーンと増えてしまいますので、調理法に限らず、食材、調味料などにも配慮しながら献立を考えるとよいでしょう。

3 エネルギーのコントロールの仕方

Q 無理なくウエイトコントロールするには、どのような点に気をつければよいでしょうか？

A ウエイトコントロールには、増量と減量とがあり、前者の場合には除脂肪量（LBM＝全体重から体脂肪を除いた筋肉や骨や内臓などの量）の増加を目的とし、後者は余分な体脂肪量を減少させることが目的となります。したがって、体重の増減だけで一喜一憂するのではなく、体重とともにLBMや体脂肪率をチェックすることがたいせつです（108～109ページ参照）。

Q 調理法によってどのくらいエネルギー量は異なるのでしょうか？

A 同じ肉や魚でも使う部位や使用する調味料によってその料理のエネルギー量は違ってきます。特に調理法でその差が大きくなります。たとえば、生の鶏ささ身75gは79kcalです。刺し身にしたり塩焼きにしたりすると、調味料のエネルギー量が加わった分わずかですがエネルギー量が増えます。一方、フライにすると約4倍近くまでエネルギーがはね上がります。これは、衣（小麦粉・卵・パン粉）に油が付着した分、エネルギー量が高くなるからです。したがって、現在の子どもの体調やトレーニング状況などを考慮して、調理法をくふうするとよいでしょう。

例

ささ身（生）75g
79kcal

刺し身（たたき）
95kcal

塩焼き
83kcal

フライ
292kcal

『家庭のおかずのカロリーガイド』（女子栄養大学出版部）から

Q 吸油量をおさえる方法はありますか？

A 同じ重量の同じ食材でも、切り方によって吸油量は大きく異なります。以下に示したじゃが芋の素揚げを見てもわかるように、表面積の大きなもの（細い、薄い）は油を吸う量が増えるためエネルギーが高くなるのです。つまり、減量中やけがなどで練習が行えない状態で揚げ物が食べたい場合には、細く、薄く切るのではなく、大きめにカットして調理するとよいといえます。吸油量についてポイントを下記の表にまとめましたので参考にしてください。

● じゃが芋 50g

くし型切り	拍子木切り	せん切り	薄切り	細いせん切り
吸油率 2%	吸油率 4%	吸油率 5%	吸油率 15%	吸油率 19%
+9 kcal	+18 kcal	+23 kcal	+68 kcal	+86 kcal

油の吸着について

1. 切り方／表面積の大きいもの（平たいもの、細いもの、薄いもの）は吸油率が高くなる。
2. 食材／脂肪の多い材料は調理中の揚げ油と交換され、吸油率は高くなりにくい。ただし、脂肪の多いものほどかさは小さくなる。
3. 食材／水分の多いものは吸油率が高く、水分の少ないでんぷん質は、吸油率は低い。
4. 揚げ衣／から揚げの場合、かたくり粉より小麦粉のほうが吸油率は高くなる。
5. 揚げ衣／天ぷらの場合、衣が多くつくほど吸油率は高くなる。
6. 揚げ油／古い油の方が粘度が高いため、油ぎれが悪く、吸油率が1〜2%高くなる。
7. 調理器具／フッ素樹脂加工のフライパン（2%）、油なれしたフライパン（5%）、油なれしていないフライパン（8%）の順で油の必要量は増える。

『五訂増補 調理のためのベーシックデータ』（女子栄養大学出版部）から

Q 揚げ物以外でもエネルギーの高い料理はありますか？

図 エネルギーと脂質量

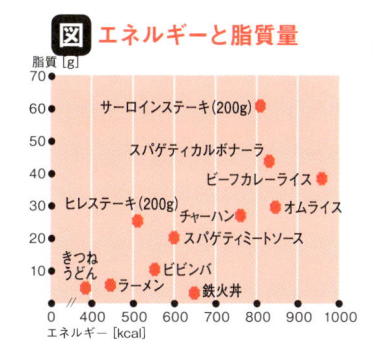

A 左の図に料理のエネルギーと脂質量を示しました。この図を見ると、サーロインステーキやカルボナーラ、ビーフカレーには多くの脂質が含まれていることがわかります。しかし、実際には目に見えない油脂が多く含まれているため実感が伴わない方も少なくないでしょう。油脂には、直接目で確認できる油と確認できない油があります。どちらも1gあたり9kcalのエネルギーであることは変わりありませんので、目に見えない油のとり過ぎにも気をつけましょう。

保護者のための簡単料理パターン

●文・献立／こばたてるみ

1 アレンジ方法を習得する

Q 手間を省いて、料理のバラエティーを増やす方法は？

A シンプルな料理をベースに、調味料を加えたり、形状を変えたりすることによって料理のレパートリーを増やすことができます。

たとえば、ポトフを大量に作った場合、1日目はポトフとして、2、3日目はカレーやシチューのルーを加えて別の味を楽しむとよいでしょう。また、ポトフをマッシャーでつぶして形を整え、衣をつけて油で揚げればコロッケに早変わり。このように、くふうしだいで1つの料理からいくつもの料理にアレンジすることが可能なのです。

基本 ●ポトフ（作り方116ページ）
1人分 221kcal

Arrange!

●カレーライス（作り方113ページ）
1人分 618kcal

●クリームシチュー（作り方113ページ）
1人分 370kcal

●コロッケ（作り方116ページ）
1人分 180kcal

❷ レパートリーを増やす

Q 栄養価の高い青菜をもっとメニューにとり入れたいので、アレンジ法を教えてください。

A 食事の重要性を理解していても、それを毎日実践し続けることはたいへんなことです。時間のあるときにまとめてゆでて小分けにしておくと、短時間でさまざまな料理にアレンジすることが可能です。また、保存方法は食べる時期を考慮して冷蔵・冷凍を使い分けるとよいでしょう。

どんなに栄養価の高い食材でも毎回同じ料理では飽きてしまいますので、調味料や合わせる食材をくふうして味の幅を広げましょう。

副菜

ほうれん草 Fe V.C
（作り方 116ページ）

基本
●ゆでほうれん草

Arrange!

● お浸し
1人分 21kcal

● ナムル
1人分 27kcal

● からしマヨネーズあえ
1人分 43kcal

● バターソテー
1人分 35kcal

● ごまあえ
1人分 62kcal

● オムレツ
1人分 167kcal

Ⅱ章-2 保護者のための簡単料理パターン

Q 豚肉が安売り。簡単でおいしく食べられる料理は？

A 塩とこしょうで味つけした豚肉のソテーは、翌日にカレー粉やマヨネーズ、焼き肉のたれ、みそなど味の濃い調味料を使って調理し直すことにより、違った味を楽しむことができます。また、野菜やチーズをのせることによりボリューム感をアップさせたり、ごはんやパンでお肉をはさんだり、春巻きの具材として活用したりするのもよいでしょう。

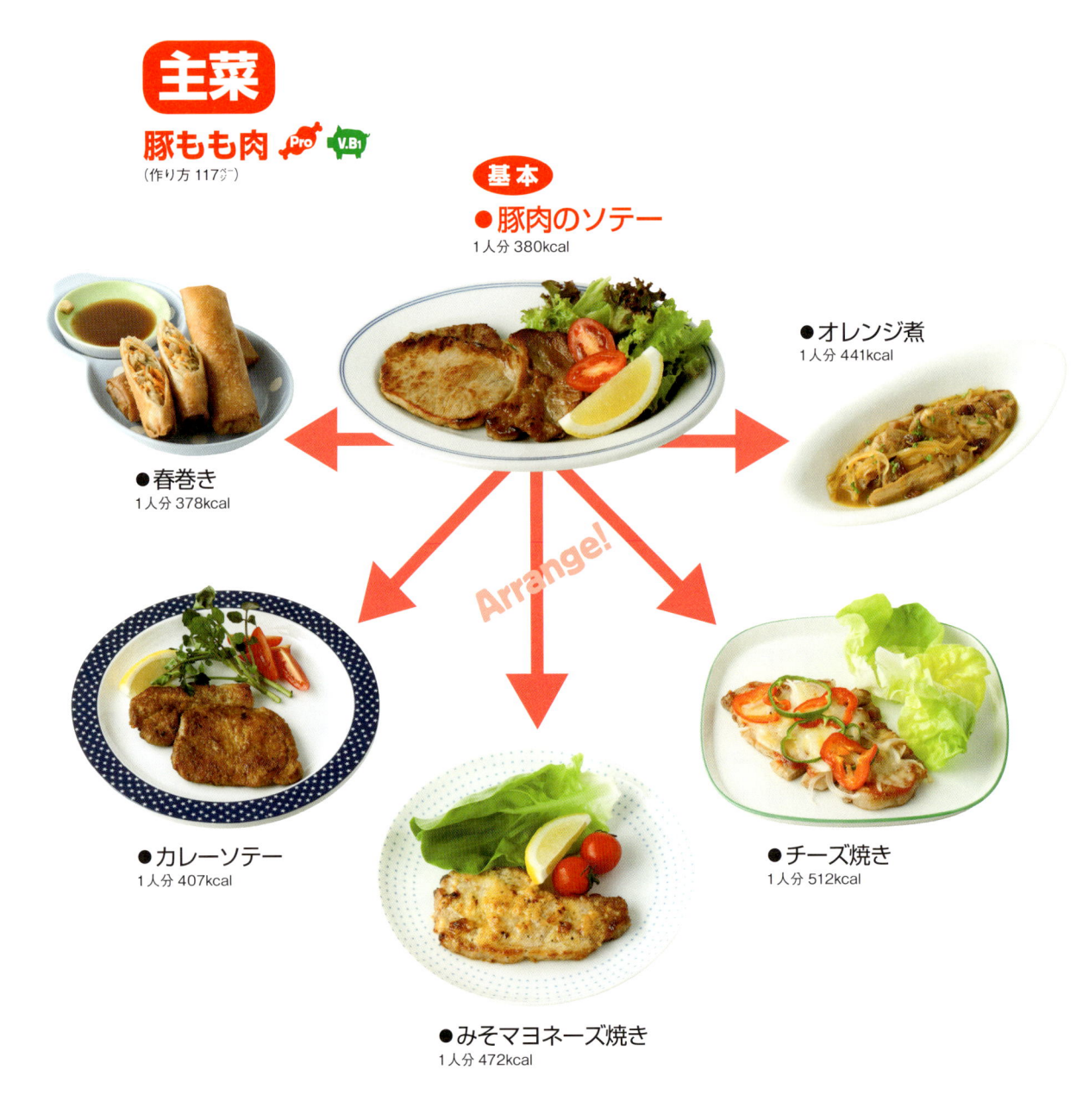

主菜

豚もも肉 Pro V.B1
（作り方 117ページ）

基本
● 豚肉のソテー
1人分 380kcal

● オレンジ煮
1人分 441kcal

● 春巻き
1人分 378kcal

Arrange!

● カレーソテー
1人分 407kcal

● みそマヨネーズ焼き
1人分 472kcal

● チーズ焼き
1人分 512kcal

Q 大量に炊いたごはんのアレンジ法は？

A 食べきれなかったごはんは、1食分ごとラップに包んで冷凍保存しておくと、食べたいときに解凍するだけですぐ使うことができて便利です。

ひじきの煮物と混ぜて作ったひじきごはんや、焼き豚やねぎなどを入れて作るチャーハン、サクラエビや枝豆を加えたお焼き、残り物の焼きザケと白ごま、青じそを加えて作ったあけぼの茶漬けなど、バラエティー豊かなごはん料理を簡単に作ることができます。もちろん具材を変えれば、さらにレパートリーは広がります。

主食
ごはん Carb
（作り方117ページ）

基本
● ごはん

Arrange!

● ひじきごはん
1人分 317kcal

● あけぼのごはん茶漬け
（焼きザケ、白ごま、青じそ）
1人分 322kcal

● 焼き豚チャーハン
1人分 520kcal

● お焼き
1人分 305kcal

● 焼き肉バーガー
1人分 305kcal

57

II章-2　保護者のための簡単料理パターン

3 お弁当の簡単な作り方

Q 冷凍食品を活用して簡単にお弁当を作る方法は？

A ふたをあけた瞬間に作り手の顔が浮かぶ手作り弁当。ただ、時間がない中でお弁当を用意しなければならないこともあるでしょう。そんなときには、ブロッコリーやかぼちゃ、ミックスベジタブルなどの冷凍野菜を活用すると便利です。短時間で彩りのよいおかずを用意することができます。

冷凍食品をじょうずに使ったお弁当 (作り方117ページ)
1人分 817kcal

- 牛乳・乳製品／加糖ヨーグルト 80kcal
- 果物／りんご 27kcal
- 主菜／ミックスベジタブルのつくね 147kcal
- 主菜／サクラエビ入り卵焼き 96kcal
- 副菜／洋風野菜のチーズ焼き 41kcal
- 主食／ごはん 362kcal
- 副菜／かぼちゃの茶きん絞り 38kcal
- 副菜／ブロッコリーの梅肉おかかあえ 14kcal
- 副菜／ミニトマト 12kcal

Q 冷凍食品を活用した具体的な料理を教えてください。

●ミックスベジタブル

●ミックスベジタブルのつくね
1人分 147kcal

つくねにミックスベジタブルを入れることで、イエロー、オレンジ、グリーンの粒がアクセントになります。また、お肉といっしょに調理することにより、野菜嫌いのジュニア選手も食べやすいメニューとなります。

●洋風野菜

●洋風野菜のチーズ焼き
1人分 41kcal

ブロッコリーやカリフラワー、グリーンアスパラガスなどが入った洋風野菜にチーズをのせてトースターで加熱。洋風野菜のチーズ焼きの完成です。

●かぼちゃ

●かぼちゃの茶きん絞り
1人分 38kcal

冷凍かぼちゃはそのまま煮てもおいしく食べられますが、皮をはずしてマッシュすることでかわいい茶きんのでき上がりです。

●ブロッコリー

●ブロッコリーの梅肉おかかあえ
1人分 14kcal

冷凍ブロッコリーは、味にアクセントが出るように梅肉とカツオ節であえてあります。

Ⅱ章-2　保護者のための簡単料理パターン

❹ 中食・外食のじょうずなとり方

Q 買ってきたお総菜を簡単においしくアレンジする方法を教えてください。

A から揚げや豚カツ、天ぷらなどのお総菜を買ってきて、自宅で食べる中食は、時間がないときはとても便利です。しかし、お総菜をそのまま食卓へ出すのは気がひけるというかたも少なくないでしょう。その場合、ひと手間加えることによって栄養価がアップし、彩りを豊かにすることができます。

たとえば、ワカサギや小アジのから揚げを購入した場合には、自宅にある野菜をせん切りして、から揚げとともに南蛮だれに漬ければおしゃれな一品のでき上がりです。また、かぼちゃの煮物が残った場合には、皮を除いてからマッシュし、牛乳を加えることで洋風のパンプキンスープができ上がります。

中食アレンジ
（作り方 118ペー）

●ワカサギのから揚げ
1人分 128kcal

●ワカサギの南蛮漬け
1人分 167kcal

●かぼちゃの煮物
1人分 107kcal

●パンプキンスープ
1人分 248kcal

Q 外食の賢い選び方を教えてください。

A 外食を選ぶさいにも、「ジュニア選手の食事基本スタイル」である主食、主菜、副菜2品（汁物を含む）、牛乳・乳製品、果物の6皿を意識するとよいでしょう。具体的には、「主食だけ」あるいは「主食と主菜のみ」といったメニューは避け、定食物やセットメニューを選ぶように心がけましょう。そのほか、具だくさんの料理を選ぶ、赤や緑、黄、黒など色とりどりの食材を使った料理を選ぶとよいでしょう。最近では、メニューにエネルギー量が表示されていることもありますので、料理を選ぶ際の参考にするとよいでしょう。

おすすめの外食例

●カキフライ定食
720 kcal

●八宝菜定食
628 kcal

●サバみりん焼き弁当
880 kcal

●なべ焼きうどん
497 kcal

『メタボのためのカロリーガイド』（女子栄養大学出版部）から

Ⅱ章-2　保護者のための簡単料理パターン

❺ 料理をじょうずに冷凍して使う

Q 冷凍庫を活用した時間短縮レシピを教えてください。

A 肉や魚、野菜などを食べやすい大きさにカットし、調味液とともに密閉袋や密閉容器に冷凍保存しておくことで、使いたいときにすぐに料理を作ることができます。調味液と材料をいっしょに漬け込んで冷凍することで、食材に下味がつき、短時間の調理でもおいしくでき上がります。

●豚肉と野菜と調味料　　●チンジャオロース（作り方118㌻）
1人分 166kcal

●白身魚とドレッシング 　　●白身魚のマリネソテー（作り方118㌻）
1人分 255kcal

●イカと野菜と調味料 　　●イカのチリソース（作り方118㌻）
1人分 146kcal

Q じょうずな冷凍術を教えてください。

A おろししょうがやねぎのみじん切りなどの薬味は、ちょっと使いたいのに少量作るのはめんどうなものです。そんなとき、すぐに使えるように冷凍してあればとても便利です。何回分かを作り、ラップを敷いた卵の容器に入れて冷凍するととり出しやすく重宝します。

また、マッシュしたかぼちゃやじゃが芋、ひき肉などは、密閉袋に入れて菜箸で4～5㎝幅のところにラインをつけておくと、冷凍の状態でも必要な分だけをすぐにとり出すことができます。

ベーコンや豚肉の薄切りなどは重なったまま冷凍すると、使うときにとても扱いにくいものです。おすすめは、ラップと食材を交互に重ねて冷凍すること。1枚ずつとり出せるのでとても使いやすいでしょう。

column

子どもたちの受動喫煙の害　　　　　　　　　　　　　　　　　●木村典代

スポーツ現場での指導者や保護者の喫煙について

　スポーツ現場では、指導者や保護者の喫煙が意外に多いことに驚かされます。強い選手になるためには、選手自身がタバコを吸わないことはあたりまえですが、まわりの大人の喫煙により、選手が受動喫煙の害にさらされていることを認識してほしいものです。

　1日に20本以上の喫煙をしている人がいる家庭では、その家族が肺がんや、気管支炎、肺炎にかかりやすく、気管支喘息(ぜんそく)を起こす割合も高いといわれています。スポーツ選手が気管支や肺に異常をきたせば、パフォーマンスへ直接的に影響することは明らかです。

　タバコを吸っている大人の中には、分煙をしたり、子どもたちから離れて吸えば、受動喫煙の影響はないと思っているかたも多くおられると思います。しかし、受動喫煙の害は、完全に防ぐことはむずかしいのが現状です。喫煙習慣のない家庭の子どもの、体内のタバコ汚染度を1とすると、室内での喫煙習慣がある家庭の子どもからは15倍、換気扇の下で吸った場合は3.2倍、家の外で吸っていても2倍の喫煙由来物質が検出されたという報告があります[文献]。

　指導者や保護者の中には、ストレス解消のためにどうしてもタバコをやめられないと思っているかたもいることでしょう。しかし、喫煙によって解消されるストレスは、喫煙をすることによってつくりだされたストレスに過ぎません。ニコチンがきれれば、イライラが増します。しかし、はじめから吸わなければニコチンぎれを感じることはありません。

　タバコを吸うと血管が収縮するため血圧が上がり、心肺機能に大きな負担をかけることが知られています。また、喫煙によって体内にとり込まれた一酸化炭素は、酸素の200倍以上もの結合能でヘモグロビンにつくといわれています。ヘモグロビンは酸素を全身に運ぶというたいせつな役割が果たせないので、全身が酸素不足状態となり持久力は低下します。これは選手にとっては致命的です。

　子どもたちを一流の選手に育てるためには、指導者や家族もタバコの害を正しく知り、タバコを吸わない選手に育てるとともに、自分自身も禁煙をすすめていくことがたいせつです。

文献
高橋裕子「ポジティブ禁煙」（東京法規出版）

Ⅲ-1
子どものスポーツ医学

Ⅲ-2
スポーツ食育のための行動科学

Ⅲ-3
状況別のスポーツ食育

Ⅲ-4
試合のときの食事

Ⅲ章-1

子どものスポーツ医学

1 メタボリックシンドローム対策のスポーツ医学

●原　光彦

Q 子どものメタボ対策におけるスポーツの役割は何でしょうか？

A 子どもたちにとって、スポーツをすることは、表1に示すような多くのメリットがあります。しかし、文部科学省の調査によれば、日本の子どもたちの間では、運動する子どもと運動しない子どもの二極化が進んでおり、この傾向は中学生になるとはっきりしてきます。そして、当然のように、日常的に運動をしている子どもたちは、そうでない子どもたちよりも体力レベルが高く、肥満している子どもたちは、肥満していない子どもたちよりも体力レベルが低いという結果が出ています。したがって、子どもたちにスポーツ指導を行うさいには、その子どもの体力レベルを考慮する必要があります。具体的には、日常的にスポーツ活動を行っていて体力がある子どもたちには、運動量に見合った充分な栄養がとれるように支援することや、けがや故障の予防や早期発見・早期治療が重要ですし、運動習慣がなく太りぎみで、体力レベルが低い子どもたちに対しては、健康的な体格を維持するための生活指導や、肥満に伴う健康障害の有無の確認が必要になります。

2008年4月から、40歳以上の成人を対象として「特定健診・特定保健指導」（通称"メタボ健診"）が始まりました。メタボは、けっして大人だけの問題ではなく、子どもたちの間にも蔓延しています。メタボな子どもは、普通に通学している小・中学生の50〜100名に1名ぐらいの割合で存在します。表2に、2007年に厚生労働省（大関研究班）が作成した「子どものメタボ診断基準」を示します。メタボは、子ども

表1　運動すると、こんなによいことがある！
- 楽しい。
- 友達ができる。
- スポーツがじょうずになる。
- からだが強くじょうぶになる。
- 記憶力がよくなる。
- 気分転換やストレス解消になる。
- 肥満症やメタボになりにくくなる。
- 心臓病、糖尿病、がんなどの病気にかかりにくくなる。

表2　子どものメタボ診断基準

腹部肥満：腹囲80cm以上（注）

プラス ＋

❶❷❸の2つ以上が集積する場合

❶血清脂質異常
　中性脂肪：120mg／dl以上かつ／または
　HDLコレステロール：40mg／dl未満
❷血圧が高め
　収縮期血圧：125mmHg以上かつ／または
　拡張期血圧：70mmHg以上
❸血糖値が高め
　空腹時血糖：100mg／dl以上

注：腹囲／身長が0.5以上の場合、小学生の場合は75cm以上も基準を満たすとする。

厚生労働科学研究（大関研究班）2007

のころから動脈硬化を引き起こし、心筋梗塞、脳梗塞や２型糖尿病の原因になります。最近、日本でも30〜40歳代で心筋梗塞のために突然倒れる例が急増していますが、大部分は子どものころからのメタボを放置していたケースです。

　子どものメタボ対策の基本は、正常な発育を妨げずに、肥満に伴う健康障害を減らし、加速している動脈硬化の進行をおさえることです。具体的には、食事・運動・生活指導を行うわけですが、この中でも、すわりがちな生活習慣を改めて、何らかのスポーツ活動に参加させることは非常に有効です。スポーツ活動は、子どもたちが健やかに発育・発達するために必要ですし、不足している身体活動量をアップしてからだを動かす楽しみを体験してもらうほうが、きびしい食事制限を行うより効果的です。私たちが、子どものメタボ健診のさいに行っている生活習慣アンケートからも、スポーツ好きで、学校の体育以外に週２回以上、何らかのスポーツ活動に参加している子どもは、そうでない子どもより、スリムで健康的であり、メタボやその予備群も少ないという結果が出ています。また、三重大学教育学部では、運動療法を主体にして、おだやかな食事療法を加えた３カ月間の減量プログラムに参加した子どもは、肥満の程度にかかわらず、直線的に肥満度が低下し、肥満に伴うホルモン異常もすべて改善したことを報告しており、子どもの肥満に対する運動療法の有効性を証明しています。

　さらに、スポーツ活動は、その他の健康的な生活習慣にも影響を及ぼすことがわかっています。私たち（日本体育協会「小学生を対象としたスポーツ食育プログラム開発に関する調査研究」班）が行ったアンケート調査によれば、スポーツクラブに所属している子どもは、毎日朝食を食べる子どもの割合が全国平均よりも高いことがわかりました（16ページ）。

　生活習慣の改善効果は、継続することによって現れます。「スポーツをしないと太って病気になる」などの否定的な言葉は避け、スポーツの効用を強調して、子どもたちをやる気にさせましょう。参考までに、私が外来で使用している「子どもを活動的にするために親ができること」を表３に示します。

表３　子どもを活動的にするために親ができること
- つめ込み教育からの脱却。
- 家族ぐるみで屋外へ出かける。
- 近くに出かける場合には歩かせる。
- すわりがちな遊びの時間制限。
  （テレビ・テレビゲーム・ビデオ・DVDは1日2時間まで）
- 無料のスポーツ施設を見つけ、積極的に利用する。
  （公立体育館、地域のスポーツセンターなど）
- 規則的に運動できる環境を整える。
  （水泳・体操・バレエ教室・スポーツ少年団への参加など）

III章-1 子どものスポーツ医学

2 成長期の貧血

●鳥居　俊

Q 貧血とはどのような状態でしょうか？

A 貧血とは、血液中で酸素を運ぶ役割をするヘモグロビンという物質や、そのヘモグロビンを持つ赤血球の数が少ない状態をいいます。赤血球は酸素や二酸化酸素と結合するヘモグロビンを持った特別な細胞です。赤血球には寿命があり、約180日でこわされていきます。こわれた赤血球やヘモグロビンを補充することができないと、貧血が起こってしまいます。

赤血球やヘモグロビンが少ないと、運動で筋肉がたくさんの酸素を使うときに酸素の供給が追いつかず、筋肉が疲労し息が苦しくなります。初期の貧血は、このように運動中に強いトレーニングについていけない、という症状で発生します。これが進行すると日常生活でも立ちくらみがしたり、息切れがしたりすることがあります。

Q 成長期にはなぜ貧血が起こりやすいのでしょうか？

A 成長期には身長や体重が増加し、骨や筋肉が増えますが、同時に血液も増えていきます。血液は体重の約8％を占め、体重が60kgであれば5ℓ程度になります。血液のうち、血漿という液体が全体の55〜60％を占め、この中にたんぱく質や糖、カルシウムなどのいろいろな物質が含まれ、残り40〜45％の血液の細胞のうち、ほとんどが赤血球です。

体格が大きくなるに従って体内の血液の量を増やさなければなりませんが、このときに必要な量の鉄も摂取しなければなりません。鉄は、赤血球が酸素の運び手として持っているヘモグロビンの材料です。したがって、からだの中の鉄が少なければ、ヘモグロビンを作れなくなり貧血になるのです。

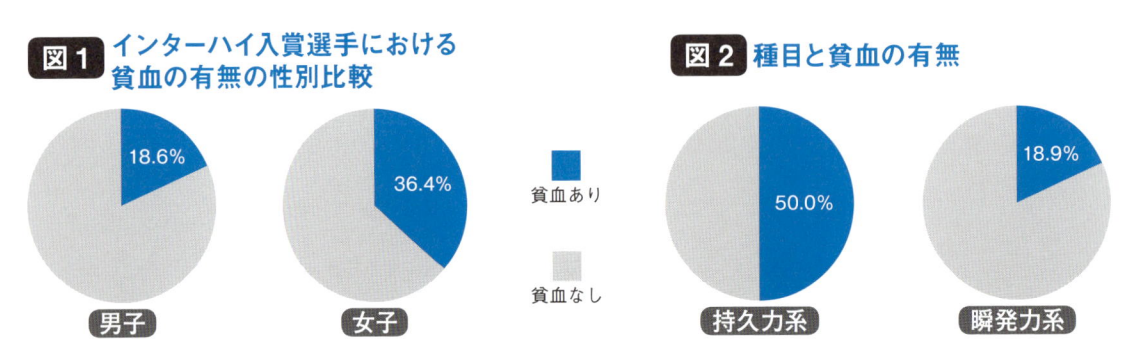

図1 インターハイ入賞選手における貧血の有無の性別比較

男子　18.6％
女子　36.4％
（貧血あり／貧血なし）

図2 種目と貧血の有無

持久力系　50.0％
瞬発力系　18.9％

日本陸上競技連盟科学委員会調査資料（石井、杉浦、鳥居、阿江）より作成

Q スポーツをしていると貧血になりやすいのでしょうか？

A スポーツをしている人は、そうでない人に比べて当然からだを動かす時間が多くなります。運動をしていると体温が上がり、私たちのからだは体温を下げるために汗をかきます。汗の中には一定量の鉄が含まれているので、長い時間、激しい運動をするほど、大量の汗をかき、多くの鉄を失ってしまうことになります。

運動中には、ランニングのように着地で地面と足との衝突が起こったり、柔道のように投げられて畳とからだが衝突したりする場面が多くあります。このような衝突によって、ぶつかったからだの表面では内出血が起こることがあります。また、からだの表面の近くを流れる血管では血液の細胞がこわされると考えられています。その結果、赤血球が減り、ヘモグロビンも減ることになります。

さらに、運動中に交感神経の活動によりアドレナリンが分泌されると、赤血球がこわされやすくなり、結果として貧血になりやすいということもいわれています。女子選手に貧血が多い理由の一つは、毎月、月経により出血が起こっているためと考えられます。実際、スポーツ選手でなくても、男性より女性に貧血が多いことも知られています。これらが最も多い鉄欠乏性貧血です。ヘモグロビンを作るために必要な鉄が不足していれば、赤血球を充分に作れなくなります。

インターハイの陸上競技に入賞した選手を対象にした調査では、男子の18.6％、女子の36.4％に貧血の経験があるという回答がありました（図1）。女子での発生は男子の約2倍と考えることができます。また、種目の性質で分類すると、長距離走のような持久力系の種目で50.0％、瞬発力系の種目で18.9％と明らかな差が見られました（図2）。

また、貧血が起こっている学年は、男女とも中学2年生と高校1、2年生が多くなっていました（図3）。おそらく、この時期にトレーニングの量が増え、たくさん汗をかくようになり、また赤血球がこわれる量も増えるからではないかと思われます。

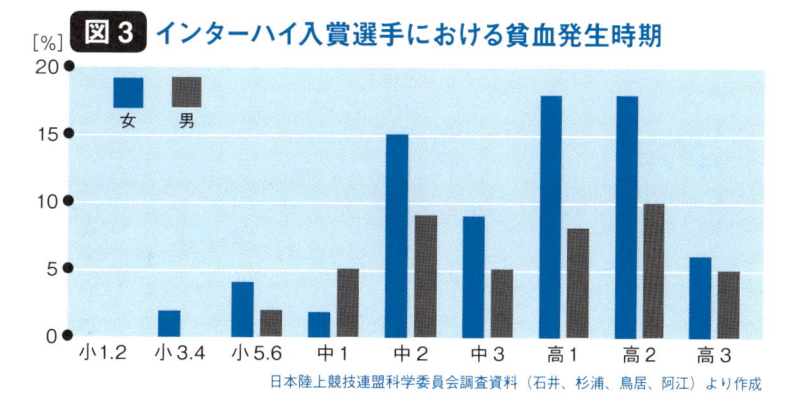

図3 インターハイ入賞選手における貧血発生時期

日本陸上競技連盟科学委員会調査資料（石井、杉浦、鳥居、阿江）より作成

Ⅲ章-1 子どものスポーツ医学

3 成長期の骨折

●鳥居　俊

Q スポーツ中にどれくらい骨折が発生しますか？

A 日本スポーツ振興センター（旧日本体育学校健康センター）の最近の報告書によると、小学校における骨折の発生率は1.12%です。男子では1.65%、女子では1.06%となっており、男子では女子の1.5倍近い発生率になっています（図1）。

骨折の発生部位は手指、手首や前腕が多くなっています（図2）。そのほか、足首、すね、鎖骨などが続きますが、それほど数は多くありません。どのような原因で骨折が起っているかを調べると、手指の骨折はボールの受けそこない、手首や前腕の骨折は転倒が大部分となっています。

図1 15歳以下の骨折の発生率

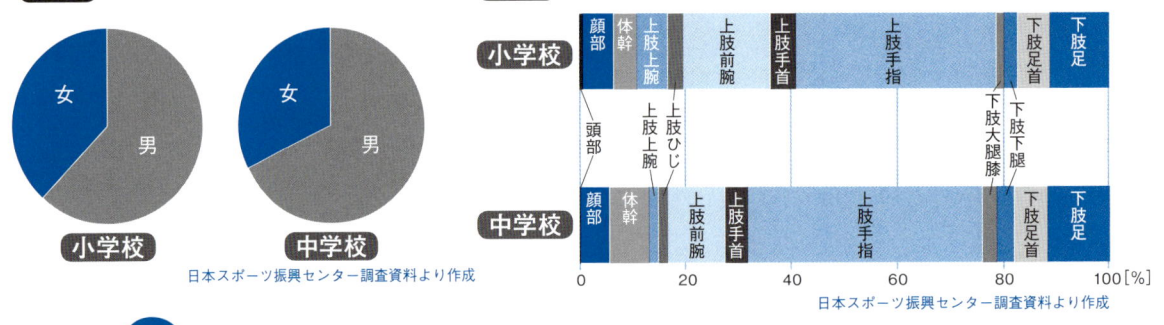

小学校／中学校

日本スポーツ振興センター調査資料より作成

図2 15歳以下の骨折の発生部位

日本スポーツ振興センター調査資料より作成

Q スポーツ中の骨折は増えていますか？

A スポーツ安全協会の報告書や日本スポーツ振興センターの報告書などで、約30年前と最近の骨折の発生率を比較してみると、どの年代でも、また、小学生から高校生までのどの学校区分でも、2〜3倍に増加していることがわかりました。図3は日本スポーツ振興センターの学校管理下の骨折の発生率を学年別に算出し、昭和49年、平成2年、平成18年の32年間の変化をグラフ化したものです。最も骨折発生率が高いのは、男子では中学2年生、女子では小学6年生から中学2年生

図3 骨折の発生率の時代変化

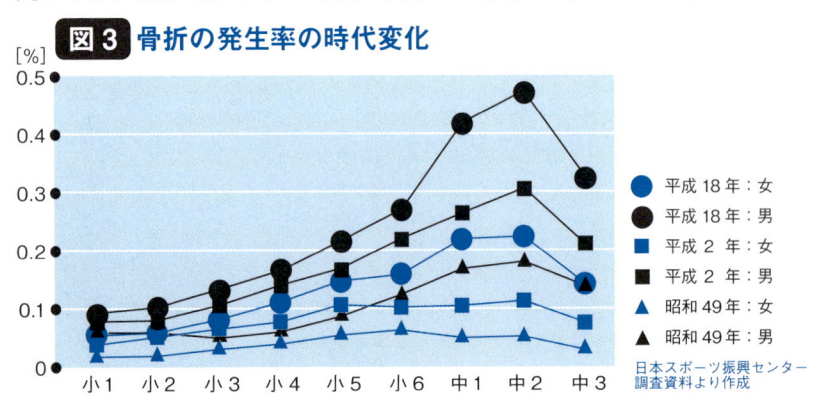

● 平成18年：女
● 平成18年：男
■ 平成2年：女
■ 平成2年：男
▲ 昭和49年：女
▲ 昭和49年：男

日本スポーツ振興センター調査資料より作成

ごろです。

　このように骨折が増加している原因として、いくつかの原因が考えられます。第1の原因は、交通の発達や自家用車の普及、遊ぶ場所の不足、少子化により、からだを動かしたり外で遊んだりする機会が減ってしまったことです。からだを動かして遊ぶ機会が減ってしまうと、いろいろな動作の経験が減り、運動中にころんだりひねったり、受けそこなったりしやすくなると考えられます。また、からだを活発に動かさないことで、骨や筋肉が充分に発達せず、強くなっていない可能性があります。第2の原因は、食生活の変化です。昔の日本人の食生活に比べて欧米化した現代の食生活では、肉類からたんぱく質を多くとる反面、魚を食べる量が減っています。特に、骨ごと食べられる小魚を食べる機会が少なくなっています。また、重要なカルシウム源である牛乳を飲む量も増えているわけではなく、結果としてカルシウムの摂取量も充分とはいえないことがあげられます。第3の原因として、けがをして医療機関に行き、レントゲンで診断することが増えた結果、骨折が発見されやすくなったのでは、という可能性も指摘されています。

Q 骨折をしないようにするには、どうしたらよいでしょうか？

A　スポーツに、けがはつきものです。だからといって、スポーツすること自体を避けるのは解決になりません。逆に、幼いときからいろいろな遊びの中でからだを動かすことで、動きに慣れ、けがをしないコツが身に着けられると考えられます。また、からだに刺激が加わることで骨や筋肉が発達し、骨が強くなることも期待できます。

　もちろん、骨を強くするために必要な栄養素（カルシウムやたんぱく質、ビタミンD）は、年齢に応じた必要量をとるようにしましょう（「日本人の食事摂取基準（2010年版）」［厚生労働省］参照）。特に、成長期で活発にスポーツ活動をする場合には、年齢に応じた必要量よりも多くとる必要があります。実際、週5回活動するサッカーのクラブチームに所属する中学生では、3年間に骨量が約700g増加します（図4）。これだけの骨が増やせるだけの充分な栄養摂取が求められます。

図4
中学校3年間の体重、除脂肪量、骨量の増加

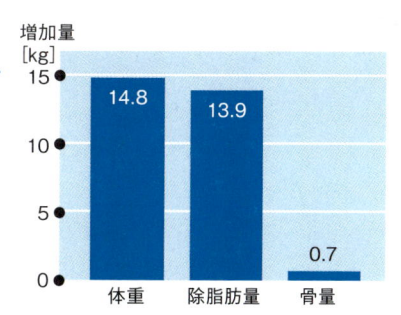

項目	増加量 [kg]
体重	14.8
除脂肪量	13.9
骨量	0.7

Ⅲ章-1 子どものスポーツ医学

4 成長期のけが

●鳥居　俊

Q スポーツ中の子どもに発生するけがにはどのようなものがありますか？

A 学校で発生するけがや病気に対する保険給付を行っている日本スポーツ振興センターの統計では、けが全体を意味する負傷の内訳として挫傷・打撲、骨折、捻挫、挫創（すり傷など）、脱臼などがあげられています。挫傷・打撲はからだをぶつけることで起こるけがで、挫創はころんだりぶつかったりしたとき皮膚に生じる傷です。捻挫と脱臼は関節に強い力が加わるけがで、関節を守る靭帯や関節包が傷ついて不安定になる（捻挫）、関節がはずれる（脱臼）ことを意味します。図1に小学校と中学校の体育やスポーツ活動中の負傷の内訳別割合を示します。骨折が25〜30％、捻挫が30％前後となっています。

多くの捻挫はジャンプからの着地や方向転換のときに、ひざや足首をひねって発生する靭帯損傷です。ドッジボールやバレーボール、バスケットボールなどで起こる突き指の中にも、骨折や靭帯損傷が含まれています。靭帯損傷は、関節で向かい合う骨同士を連結し制動している靭帯が部分的に切れるもので、きちんと治さないと関節が不安定になってしまいます。いわゆるRICE処置（R：安静、I：冷却、C：圧迫、E：高挙）を現場で実行し、腫れや内出血が強い場合は医療機関で診断を受けるようにするのがよいでしょう。

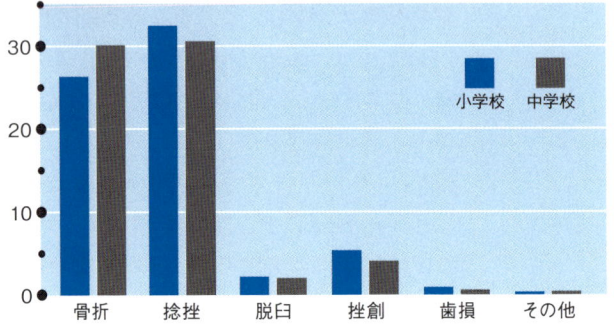

図1 学校管理下の負傷の内訳

日本スポーツ振興センター調査資料より作成

Q スポーツ中の子どものけがは増えていますか？

A 骨折は30年前に比べて増えていますが、けが全体が明らかに増えています（図2）。小学1年生から中学3年生までの学年別に負傷発生率を見ると、どの学年でも同様に増加していることがわかります。最も発生率が高い学年は、中学2年生であることも変わっていません。け

が全体の増加の傾向と、骨折の増加の傾向（70ページの図3）がほぼ同じであることから、いろいろなけががほぼ同じように増加していると考えられます。ただ、捻挫や靭帯損傷は、診断技術や診断方法（MRI）の発達によって、数が増加したり割合が変化したりしている可能性があります。以前は単に捻挫と分類されていたけがが、正確な画像診断によって靭帯損傷と分類されるようになっています。

けがが増えている原因は、骨折が増えている原因とほぼ同じと考えられます。幼少期からの運動経験の減少によって引き起こされるさまざまな問題が背景にあるのではないでしょうか。もちろん、捻挫や靭帯損傷の原因には、グラウンドや体育館の床面、シューズのソール（底）の材質の変化で、動作中のストップが効きやすくなった反面、関節に加わる負担が増えているという危険性も指摘されています。

Q スポーツ中のけがを減らすにはどうすればよいでしょうか？

A 「③成長期の骨折」（70ページ）に記したことと、ほぼ共通します。急性のけがが発生する原因として、動作が未熟であったり無謀であったりする問題、不注意や集中力の不足、疲労やコンディション不良、対人スポーツでは相手との力の差が大きすぎること、スポーツに用いる用具やからだを守る防具の問題、不可抗力などがあげられます。

各スポーツの基本動作は、くり返し練習して習得するものですが、子どもは大人と同じ動作ができるわけではありません。集中力や疲労についても大人のようにはいきません。また、子ども同士の試合では、同じ年齢でも体格や発育の早い・遅いという個人差が、けがを生むことがあります。用具や防具の点検も子どもだけに任せておくわけにはいきません。このような意味で、スポーツの指導者や保護者が、けがの予防に充分に配慮する必要があります。

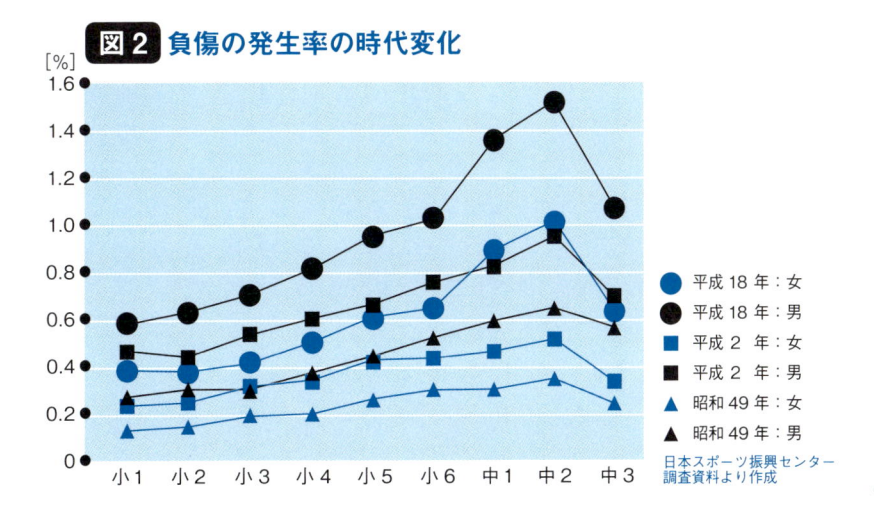

図2 負傷の発生率の時代変化

日本スポーツ振興センター調査資料より作成

対象別解説 column 05 子ども向け

骨密度と栄養・運動の関係　　　　　　　　　　●田中千晶

外で元気に遊びましょう

骨の量は、小・中学生のときに最も増えます

　子どもの骨折が増えています。特に男子では、中学1〜2年生に骨折の発生率が高いといわれています。

　骨は吸収（骨からカルシウムなどがとけ出す）と形成（骨へカルシウムなどがたまる）をつねにくり返しています。小・中学生の時期には、骨形成が骨吸収を上まわり、骨の量は増加し、ほぼ20歳までに最も骨の量が多くなります。骨の量が最も増加する時期は、男子が13〜16歳、女子が11〜14歳です。

子どもの骨にとって、運動とともに、栄養がたいせつです

　子どもの骨折予防と最大骨量の増加のために、①遺伝、②栄養、③運動の3つが重要だと考えられています。なかでも栄養は、骨を作る材料となるカルシウムやビタミンDなどを充分にとることが大事で、運動はその材料を効果的に使って骨の量を多くします。

　カルシウムは体重の1〜2％を占め、その99％は骨と歯の中にあります。「日本人の食事摂取基準（2010年版）」（厚生労働省）は、カルシウムの必要量を示していますが、これに達していない子どもがいるようです。牛乳、ヨーグルトなどには、カルシウムが多く含まれていますので、特にアレルギーがない人は、意識的に飲んだり、食べたりするようにしましょう。また、ビタミンDは、カルシウムの吸収に必要です。牛乳にはビタミンDはほとんど含まれていないため、特にビタミンDが多く含まれる魚や、きのこ類も食べるようにしましょう。インスタント食品、清涼飲料水、スナック菓子類、ファストフードばかりを食べていると、骨に必要なカルシウムやビタミンDが不足しやすくなります。偏食や欠食をしないように、食生活に注意しましょう。

外遊びを積極的に行いましょう！

　ビタミンDは紫外線によって皮膚でも作られるので、太陽の光に当たることも必要です。特に、年間を通じておもに室内でトレーニングする競技種目では、太陽に当たる量が少なくなります。また、骨にとっては、大きな衝撃のかかる運動・スポーツが特によいことから、ジャンプを含むような外遊びも積極的に行いましょう。

対象別解説 column　保護者向け

骨密度と栄養・運動の関係　　　　　　　　　　　　●田中千晶

子ども時代はじょうぶな骨を育てるためのたいせつな時期

小・中学生の時期に骨量（骨の量）を増加させましょう！

　近年、子どもの骨折が増加しています。これは、身長が伸びる時期、長管骨（上腕や大腿骨など）の長軸方向の伸びに骨密度・骨強度が追いつかないためです。

　最近の子どもに多いやせ願望や朝食の欠食は、いずれも骨密度が低くなりやすい一因と考えられています。骨粗鬆症による骨折は、高齢者の生活の質（QOL）を著しく阻害しますが、このような子どもたちが時を経て高齢者になったとき、骨粗鬆症になるおそれがあります。骨粗鬆症の予防のため、発育期の骨量を増加させることは重要です。

　骨は吸収と形成をつねにくり返しており、小・中学生の時期には、骨形成が骨吸収を上まわり、骨量は増加します。骨量が最も蓄積される時期は、男子13～16歳、女子11～14歳であり、ほぼ20歳までに最も多い骨量を獲得します。特に、思春期前半にカルシウム蓄積速度は最大になり、この2年間に最大骨量の約4分の1が蓄積されます。一方、エネルギーの欠乏や精神的なストレスなどによって、運動性無月経となった選手では、骨形成能力が低下しますので注意が必要です。

運動とともに、カルシウム、たんぱく質、ビタミンDの摂取がたいせつです

　栄養は、骨を作る材料となるカルシウム、たんぱく質、ビタミンD等の充分な摂取が重要で、運動はその材料を効果的に使って骨量を増加させます。

　「日本人の食事摂取基準（2010年版）」（厚生労働省）によるカルシウムの推定平均必要量は、12～14歳の男子で1日あたり800㎎、女子では650㎎であるのに対し、標準的な中学生男女の摂取量はそれらと同じ程度なので、不足ぎみの子どもがいると考えられます。また、ビタミンDは、カルシウムの腸管からの吸収に必須であり、10～14歳の間の目安量は、1日あたり3.5μgです。ビタミンD含有量の多い魚やきのこ類などを積極的に摂取しましょう。

　一方、日本の骨粗鬆症学会「子どもの骨折予防委員会」は、「子どもの骨を丈夫にするための提言」（2006年）として、「乳幼児期を除く小児期において700㎎以上のカルシウム摂取が健康な成長のために必要であり、骨折の予防のためにはさらに500～1000㎎の増加が望ましい」との見解を発表しています。

　ビタミンDは紫外線によって皮膚で合成されるので、適度な日光に当たることも必要です。年間を通じておもに室内でトレーニングする競技種目では、日光中の紫外線の照射量が少なくなります。骨にとって、衝撃を伴う運動・スポーツはよいことから、特に、ジャンプなどの荷重のかかる外遊びも積極的に行わせましょう。

　小・中学生は、食生活や運動習慣をはじめとする生活習慣の確立期でもあります。将来の骨粗鬆症予備群にならないためにも、家庭における生活全般を見直してみましょう。

対象別解説 column
栄養士・指導者向け

骨密度と栄養・運動の関係　　　　　　　　　　　　　　　　●田中千晶

生涯にわたる骨の健康を考えた指導を

カルシウムの効率よい吸収に欠かせないビタミンD

　長管骨（ちょうかんこつ）の長軸方向の伸びに骨密度・骨強度が追いつかず、骨折の発生率が高くなる時期は、相対的骨脆弱性（こつぜいじゃくせい）とよばれています。子どもの骨折予防と最大骨量の増加に関する介入試験の効果は、思春期以前のほうが高く、また、カルシウム摂取量の低いほうが高いといわれています。食品中のカルシウムの効率よい吸収のためには、ビタミンDが必須の栄養素ですが、「日本人の食事摂取基準（2010年版）」（厚生労働省）による10～14歳の目安量は、1日あたり3.5μgです。皮膚で産生されるビタミンDは、1日2.5μg以上のため、日光曝露（ばくろ）も重要です。実際、牛乳にはビタミンDはほとんど含有されていないため、特にビタミンDの含有量の多い、魚やきのこ類などを摂取する必要があります。さらに、ビタミンDはカルシウムの吸収促進のみならず、筋肉の発達を通じて骨密度の増加に関与しているとも考えられています。

すべての運動・スポーツが骨密度を増加させるとは限りません

　衝撃を伴う競技者は、一般に水泳を中心とする重力負荷の乏しい競技者や、運動・スポーツを行わない人と比較して骨密度が高いことが知られています。逆に、競技のために体重の少ない競技者、たとえば女子のマラソン・長距離ランナーの場合には骨密度が低いことがあります。さらに、エネルギーの欠乏や精神的なストレスなどによって生じると考えられている運動性無月経では、骨形成能力が低下します。ただし、体操競技やフィギュアスケートなどの高強度の衝撃を受ける種目では、運動性無月経でも骨量の低下はみられないことや、体脂肪率や体重だけでは無月経の発生を予測できないといわれています。

子どもたちの生涯にわたる骨の健康のために

　アメリカスポーツ医学会では、子どもに対し、表1の指針を示しています。このように、低インパクトの種目を行う子どもたちは、トレーニングの中にジャンプのようなハイインパクト運動をとり入れることや、年間を通じておもに室内でトレーニングする種目では、日光曝露の意味からも、外遊びの実施など、専門種目の練習以外の時間の過ごし方もくふうするとよいでしょう。

表1　学童期および思春期における子どもの骨塩量を増やす運動のガイドライン

運動様式	衝撃のある身体活動。たとえば、器械体操、プライオメトリックス、ジャンプ、中強度のレジスタンストレーニング。ランニングやジャンプを含むスポーツ（サッカー、バスケットボール）への参加は、有益なようであるが、科学的根拠は不足している。
強度	骨にかかる負荷に関して高強度；安全面の理由から、レジスタンストレーニングは、1RM（1-repetition maximum：1回持ち上げることのできる最高の負荷）の60％未満で行うべきである。
頻度	少なくとも週に3回
持続時間	10～20分（1日に2回あるいはそれ以上がより効果があるかもしれない）

出典　American College of Sports Medicine Position Stand: physical activity and bone health.　Kohrt WM, Bloomfield SA, Little KD, Nelson ME, Yingling VR; American College of Sports Medicine.　Med Sci Sports Exerc.　2004, 36:1985-1996.

スポーツ食育のための行動科学

① 好き嫌いをなくす

●葦原摩耶子

Q 好き嫌いをなくすにはどうすればよいでしょうか？

A 健康的な発育・発達のためには、バランスのよい食生活を送ることが重要です。特に、スポーツをする子どもには多くのエネルギー・栄養素が必要ですし、遠征や合宿先で自分の好みの食事ばかりが出るとも限りませんから、好き嫌いはないに越したことはないでしょう。だからといって、嫌いな食べ物を無理やり食べさせても、好き嫌いがなくなるどころか、その食べ物にますますマイナスイメージを植え付けることになりかねません。子どものそのときの気持ちに合わせたアドバイスがたいせつになります。

人が行動を起こし、その行動が習慣になるまでには、いくつかのステージがあるといわれています。人の行動が変わるまでのステージは、「変容ステージ」とよばれています（Prochaska et. al., 1992）。変容ステージには、前熟考ステージ、熟考ステージ、準備ステージ、実行ステージ、維持ステージの5つがあり、新しい行動を起こすことに対して、どの程度気持ちの準備ができているかで分類されています（図1）。

このステージを子どもに当てはめる場合の注意点としては、実行ステージから維持ステージへ移行するための期間が、大人と異なることがあげられます。子どもの身体活動に対するステージを調べる尺度では、子どもの認知する能力を考慮して、大人の6カ月に対して、2カ月に短く設定されています（上地ら、2003）。子ども用のステージチェック表は、本書の83ページに掲載されています。

前熟考ステージや熟考ステージの子どもたちは、自分の行動を変えることが重要だと思っていなかったり、変える自信がなかったりするような、実際に行動を変える気持ちの準備ができていない子どもたちです。準備ステージや実行ステージの子どもたちは、気持ちの準備はできているのですが、習慣の定着には至っていない子どもたちです。これらの子どもたちが、最終的に維持ステージにたどり着くように、そのときどきに合わせたアドバイスを送ることが効果的です。

図1 変容ステージ

前熟考ステージ
「現在行っていないし、今後行うつもりもない」

熟考ステージ
「現在行っていないが、今後行うつもりである」

準備ステージ
「現在行っているが、定期的ではない」

実行ステージ
「現在行っているが、始めたばかりである」

維持ステージ
「行い始めてから6カ月以上たっている」

Q 変容ステージに合わせたアドバイスについて教えてください。

A ① 前熟考・熟考ステージの子ども

子どもが、「バランスのよい食事をすること」に対して、前熟考ステージや熟考ステージにあたる場合を考えてみましょう。この段階の子どもは、好き嫌いなく、バランスよく食事をすることの重要性がうまく理解できていません。まず、「なぜ好き嫌いをせず、いろいろな食べ物をとる必要があるのか？」をじっくりと話し合いましょう。そのときには、「健康のため」などと、大人の価値観で話をしないことが肝心です。子どもは大人と違って、健康を意識して生活をしていません。「お友達と楽しく遊ぶ元気のもとになるんだよ」「かっこいいプレーをきめるためのパワーがつくよ」などと、子どもの価値観に沿った例をあげながら、わかりやすく話しましょう。「スポーツ食育ランチョンマット」（17ページ）を使うときも、いきなりすべてのお皿をそろえようとするのではなく、「まずは一皿、何なら食べられそうか」を探していきましょう。

② 準備ステージや実行ステージの子ども

準備ステージや実行ステージにあたる子どもの場合は、すでに「バランスのよい食事」をとる気持ちは持っていますが、まだ始めたばかりだったり、ほかのさまざまな理由のためうまくいかない場合があります。その場合には、どうしたらうまくいくのか、その方法を教えてあげましょう。

たとえば、大好きなものが食卓に出ると栄養バランスのことを忘れてしまうようなケースでは、ランチョンマットをかならず敷いて、バランスよく食べることをいつも思い出せるようにしてあげましょう。「バランスのよい食事」がしやすい環境作りをすることがたいせつです。また、「食事のセルフモニタリング表」（111ページ）を使って毎日の食生活の記録をふり返り、うまくいった日といかなかった日の違いを探してみましょう。「うまくいかなかった日は間食をとりすぎているな」など、自分の悪い癖を見つけることができます。そして、嫌いなものをなくすためにがんばっている子どもをほめてあげましょう。じょうずにほめることで、子どものやる気を育て、よい習慣を作ることができます。ときには、大好物を出すなど、ごほうびをあげることもよいでしょう。

③ 維持ステージの子ども

維持ステージの場合は、よい食習慣が継続できている状態です。まずはそのことをきちんと評価し、ほめてあげましょう。そして今の健康的な状態は、よい食習慣を継続しているからこそのものであることを強調しましょう。子どもがこの先もずっとよい習慣を続けていけるようにサポートしてあげてください。

文献
Prochaska, J.O., DiClemente, C.C., & Norcross, J.C. In search of how people change. Applications to addictive behaviors. American Psychologist, 47, 1102-1114, 1992.
上地広昭・竹中晃二・鈴木英樹 「子どもにおける身体活動の行動変容段階と意思決定バランスの関係」
教育心理学研究, 51, 288-297, 2003

❷ ちゃんと食べようというやる気をアップ

●葦原摩耶子

Q バランスのよい食事がたいせつなことはわかっているのに、なかなか実行に移せない子どもにはどう指導すればよいでしょうか？

A 子どもに対する要求水準が高すぎるのかもしれません。人が何か新しいことに挑戦するときに、その人がどのくらい「自分はできる」と思っているかどうかが、実行のカギとなることがわかっています。この「自分はできる」という感覚のことを「セルフ・エフィカシー」とよびます（Bandura, 1986）。「自信」とよく似ていますが、セルフ・エフィカシーは、より具体的な「特定の行動に対するできるという見込み感」を指します。たとえば、食生活の改善について考えてみても、「好き嫌いせず食べることができる見込み感」「間食を控えることができる見込み感」「食べる量を減らすことができる見込み感」とさまざまな行動に対する別々のセルフ・エフィカシーが存在します。

　セルフ・エフィカシーが低い場合は、実際には本人にできる能力があっても、実行に結びつくことはありません。セルフ・エフィカシーを高く持って実行できるようにすることが、成功の秘訣です。

Q どうすればセルフ・エフィカシーは高まりますか？

A 人のセルフ・エフィカシーには、以下に示す4つの情報源が影響しています。これらをうまく使ってセルフ・エフィカシーを高めることで、相手の行動の変容を促すことができます。

1 成功体験

　セルフ・エフィカシーに最も強い影響を与えるのは、成功体験を積むことです。過去に成功した経験を持っていると、「次もうまくできるだろう」という感覚になるため、それ以降もその行動が起こりやすくなります。したがって、子どもの食行動を変えようとするならば、できるだけ失敗せず、成功体験を積み重ねることができるように配慮してあげることが必要です。いきなりむずかしいことや、たくさんのことに挑戦させるのではなく、簡単で行いやすいことから少しずつ挑戦させましょう。

　たとえば、子どもがにんじんとピーマンが嫌いで食べないとします。2つを比べると、にんじんのほうが「食べることができそうだな」と子どもが感じているのなら、迷わずにんじんから挑戦させましょう。

2 言語的説得

　言語的説得とは、他者から、「うまくできているね」と言葉をかけてもらうことです。この他者が、その行動の専門家や本人にとって重要な人物であればあるほど、言葉がけの効力が高まります。つまり、子どもの食育について考えると、栄養のプロである栄養士や家族、先生、コーチ、友達などから「好き嫌いせず食べていてえらいね」「トマトが食べられるようになったんだ。すごいね」などと、できていることを認めてもらうことで、子どもの食に対するセルフ・エフィカシーが高まります。

3 代理的経験

　セルフ・エフィカシーは、自分の体験でなくともほかのだれかが成功している姿を見ることでも高まることが知られています。人が自分で経験できる成功体験の数は限られています。したがって、ほかのだれかが、自分の代わりに成功経験を積んでいる姿を見るだけでよいとなればたいへん便利です。しかし、この代理的経験がうまく働き、セルフ・エフィカシーが高まるためには条件があります。代理的経験をするだれかが、自分とかけ離れた人物の場合には、あまり効果がありません。トップレベルの選手のプレーを見せて、「あなたもできる。やってごらん」といっても、「自分にもできる」とは思わないでしょう。「あの人はプロ選手だから、あんなにうまくいくんだ。自分とは違う」と思ってしまうと、代理の経験にはならないのです。代理的経験をうまく利用するには、兄弟や学校・近所の友達など、その子にとって身近でよく似た子どもが、好き嫌いを克服した話を聞かせてあげましょう。きっと「自分にもできる」「やってみようかな」と思ってくれるはずです。

4 生理的・情動的喚起

　自分の行動によって、「よい成果が出ているな」と感じることで、セルフ・エフィカシーが高まります。しかし、体力がついたり、記録が上がったりと、目に見える形で成果が出るまでには、時間がかかるものです。その結果、多くの人は、効果を感じるまでに自信をなくしてやめてしまうのです。そんなときに有効な情報が、「生理的・情動的喚起」です。たとえば、「最近あまりかぜをひかなくなったな」「夜、よく眠れるな」「以前よりからだが軽いな」など、数字ではっきりとわかる成果が出る前にも、バランスのよい食生活の効果がどこかに現われているはずです。このように、からだや心のどこかに生じている成果に気づかせてあげることを、「生理的・情動的喚起」とよびます。ちょっとした変化は、本人では気づきにくいものです。周囲の人たちが、どんな小さなことでもよいので、好き嫌いせず食事をしている効果を見つけて、本人に教えてあげてください。その言葉によって、子どものセルフ・エフィカシーは高まり、その後もよい食生活を続ける励みになることでしょう。

文献
Bandura A. Social foundations of thought and action: A social cognitive theory. : New Jersey Englewood Cliffs ; 1986

3 保護者は子どもに どう接したらよいか

●葦原摩耶子

Q 食事の時間になっても、子どものおなかがすかずに困っています。

A 間食の量や食卓の環境に、問題があるのかもしれません。リビングや食卓に、つねに食べ物が置いてありませんか？ それらは、調理せずにすぐに食べられるものではありませんか？ 大人でも食べ物が目に入ると、特に空腹でなくとも手が出てしまいがちです。それが子どもにとって魅力的なスナック菓子ならなおさらです。加工ずみの食品は、できるだけ戸棚の中など、直接目につかない場所にしまっておくようにしましょう。一度にたくさんの量を食べすぎないように、袋菓子は買ってきたら小分けにしておくのもよいでしょう。

また、食べ方にも注意が必要です。お子さんは、テレビを見ながら、ゲームをしながらだらだらと間食し、お菓子を1袋あけてしまったりしていませんか。何かをしながら食べていると、自分が思っている以上に食べすぎてしまいます。間食をするのであれば、1回の量をきちんと決めて、子どもに渡すようにしましょう。

間食を禁止する必要はありません。「好きなものを食べられない」となるとストレスがたまったり、楽しく食事をとれなくなったり、子どもによくない影響が出ることも考えられます。間食をとるのであれば、適度なエネルギー量にとどめることがたいせつです。同じ甘いものでも、スナック菓子を、低エネルギーの製品など、より健康的なものに変えてみるのもよいでしょう。子どものうちはなかなか自分で調節することができませんので、保護者の手助けが必要です。

夕食までの時間が長く、どうしてもある程度の量の間食が必要な場合には、食べる内容を、おにぎりやヨーグルト、果物など、補食として利用できる食べ物にしてください。補食の分のエネルギー量を夕食から減らせば、栄養バランスをくずすことなく食事ができます。

食生活を変えることは、大人であってもたいへんむずかしいものです。子どもにとって栄養バランスのよい食生活を送りやすい環境を作ってあげてください。

Q 子どもの食行動がなかなか変わりません。保護者はどのような態度で接することが必要ですか？

A 子どもの健康や栄養バランスのことは心配しているけれど、自分のことについてはほったらかしで、よくない食生活をしていませんか？子どもはそんな親の姿をよく見ています。

人の行動は、さまざまな方法で身についていきますが、その中の一つに「モデリング」とよばれるものがあります。モデリングとは、だれかの行動を見ただけで、実際にその行動をまねてみたりしなくても、その行動を身につけてしまうことをいいます。たとえば、大人が暴力的に人形をあつかう姿を見せると、その後に子どもが人形を暴力的にあつかう割合が増加することがわかっています（Bandura, 1965）。

つまり、いくら子どもに「好き嫌いをしないで何でも食べなさい」といったとしても、保護者の皆さんが好きなものだけを食べている姿を見せていたら、子どもは「好き嫌いをしてもよい」ことを学んでしまうのです。つまり、「お父さん、お母さんとあなたは別の話」といういい訳は通用しないということなのです。逆に考えれば、保護者の皆さんが好き嫌いなく食事をする姿を子どもに見せていれば、自然と子どもも同じように食事をとるようになるのです。お子さんは、ご自分と同じ食べ物を嫌っていませんか？ 子どもの食習慣を変える前に、一度ご自身の食習慣を見直してみましょう。もしかすると、その好き嫌いの原因は、保護者の皆さんにあるのかもしれません。皆さんにとってもよいチャンスです。バランスのよい食事をして、子どものよいお手本になりましょう。

この「モデリング」は、単にその行動を見るだけでなく、行動のあとに何かよいことが起こっている場面を見ることで、さらに効果的になります。たとえば、「お父さんは、好き嫌いせず何でも食べてえらいね」とお母さんが子どもに声がけをします。子どもは、「好き嫌いなく食事をする」と「お母さんにほめられる」ことを理解し、お母さんにほめてもらうために、よりいっそう好き嫌いをしないようになるでしょう。

また、単に好き嫌いをせず食事をしている姿を見せることだけがよいとも限りません。保護者の皆さんが、好き嫌いを克服するためにがんばる姿を見せることも、子どものよいお手本になるでしょう。「お母さんはこうすれば食べられるようになったよ」などと会話をすることで親子の仲もよりいっそう深まることでしょう。なによりいっしょにがんばる仲間がいることは大きな励みになりますし、それがたいせつな家族であればなおさらです。子どもを変えようと思うのであれば、まずは自分から。子どものよいお手本になりましょう。

文献
Bandura A. Influence of model's reinforcement contingencies on the acquisition of imitative responses. Journal of Personality and Social Psychology, 1589-1595, 1965.

対象別解説 column 05　子ども向け

スポーツ食育のための行動科学　　　　●葦原摩耶子

バランスのよい食事をしていますか？

　あなたは、ふだんどんな食事をしていますか？　毎日、元気よく学校の勉強やスポーツ活動をがんばるためには、好き嫌いなく、いろいろな食べ物をバランスよく食べる必要があります。下の図を使って、あなたが「バランスのよい食事をすること」について、どんな気持ちでいるのか、お父さん、お母さんといっしょにチェックしてみましょう。

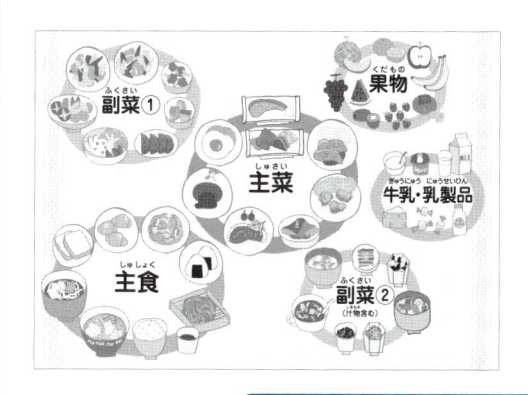

あなたは毎日、「好き嫌いをせず、栄養バランスよく」食べていますか？

バランスのよい食事とは…
左の「スポーツ食育ランチョンマット」にあるような食事のことを「栄養バランスのよい食事」といいます。

いいえ → あなたは、ときどきは、「栄養バランスのよい食事」をとっていますか？

はい → あなたが毎日、「好き嫌いをせず、栄養バランスよく」食べるようになって2カ月以上たっていますか？

いいえ → あなたは、「栄養バランスのよい食事」をとるつもりがありますか？

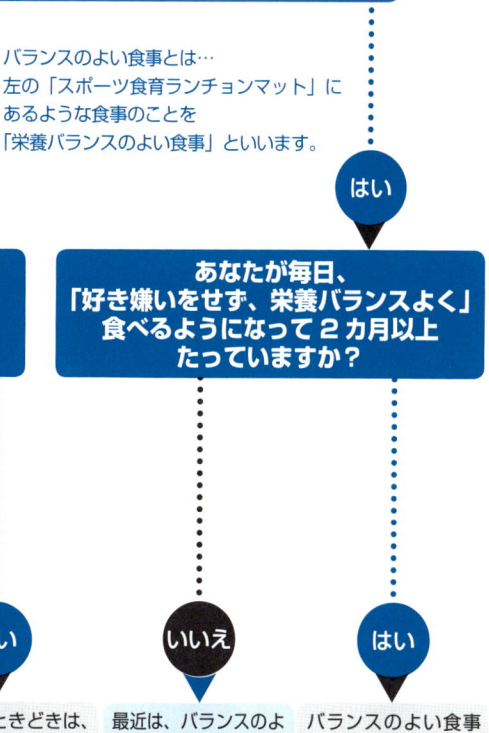

前熟考ステージ（いいえ）
あなたは、現在、食事の好き嫌いをなくすつもりがあまりないようですね。からだを大きくしたり、毎日、元気いっぱいに過ごすためには、いろいろなものを食べることがたいせつです。まずは、お父さん、お母さんといっしょにこの本についているDVDを見て、食事やからだのことについて話をしてみましょう。

熟考ステージ（はい）
あなたは、現在、好き嫌いなく食事をしようと思っているようですね。とってもいいことですよ。ただ、いざ実行しようとするとなかなかむずかしいもの。お父さん、お母さんと相談して、何からなら食べられるのか考えてみましょう。

準備ステージ（はい）
あなたは、ときどきは、バランスのよい食事ができているようですね。がんばっていますね。少しずつできる日を増やしていきましょう。お父さん、お母さんに協力してもらい、うまくできない原因を考えてみるのもよいですね。

実行ステージ（いいえ）
最近は、バランスのよい食事ができているようですね。その調子です！「スポーツ食育ランチョンマット」や「食事のセルフモニタリング表」を使って、お父さん、お母さんとずっと続けるためのくふうをしてみましょう。

維持ステージ（はい）
バランスのよい食事がずっと続いていますね。あなたは、すばらしい習慣の持ち主です！　ずっと元気で楽しく過ごしていくために、これからも続けていきましょう。

対象別解説 column 保護者向け

スポーツ食育のための行動科学

●葦原摩耶子

バランスのよい食生活を長く続けるためにたいせつなこと

　食事は毎日のことなので、どんなにがんばっていても、仕事や家族の用事でバランスのよい食事をそろえることができなかったり、食事が準備できたとしても、子どもが食べられなかったりすることがあります。これは、保護者の皆さんや子どもの意志が弱く、だらしないからではありません。毎日の生活の中では当然起こりうることなのです。では、そのようなときはどうすればよいのでしょうか？

　行動科学では、一度変容した行動習慣が再び元に戻ってしまうことを「逆戻り」とよび、だれにでも生じるといわれています。バランスのよい食生活を長く継続するためには、逆戻りが起こることをあらかじめ知っておき、どのように危機を乗りきるか、前もって考えておくことが必要です。Marlatt（1985）は、逆戻りの予防法として、ハイリスク状況、および抑制妨害効果への対処をあげています。

1 対策を考えておく

　ハイリスク状況とは、「人のコントロール感を脅かし、逆戻りの危険性を増加させるあらゆる状況」を指します。たとえば、バランスのよい食生活を過ごす場合では、「急な仕事が入って、いつもの時間に帰宅できない」「友達の誕生日パーティでどんな食事が出るかわからない」「おみやげでケーキをもらった」などさまざまな状況が考えられます。このような状況にうまく対処するためには、まず、ご自分やお子さんのハイリスク状況を認識することが必要です。食生活が乱れがちな状況に、何かパターンはありませんか？　記録をつけて、食生活をふり返ってみましょう。

　ハイリスク状況が把握できたら、それぞれの状況に、どのように対処するのかを決めましょう。たとえば、栄養バランスのよいメニューがそろっているお総菜屋さんを探しておく、調理を手伝ってくれる人を見つけておく、食べすぎた翌日用にエネルギーをおさえたレシピを考えておくなどです。

2 一度の失敗であきらめない

　逆戻りを起こすときには、「せっかく今まで続けてきたのに、今日はバランスのよい食事ができなかった。自分はだめな人間だ。もう何を食べても同じだ」といった考えに陥りがちです。このように、一度の失敗ですべてが終わりだと思い、完全に逆戻りしてしまう傾向のことを抑制妨害効果とよびます。しかし、実際には、翌日からまたバランスのよい食事を続けるか、それとも食事に気をつかわずに過ごすかで結果は大きく異なります。バランスのよい食生活を長く続けるためには、失敗したとしても抑制妨害効果に陥らないことがたいせつです。失敗は一時的なもので、とり返しのつかない最悪の事態などではなく、単なるミスであると考え方を変えましょう。たとえば、「今日、食べすぎてしまった分、明日の食事は控えめにすればいい、続けることがたいせつだ」など、気持ちをうまく切りかえる言葉を用意しておきましょう。少々の失敗にとらわれずに、前向きな気持ちを持ってバランスのよい食生活を続けることがたいせつなのです。

文献　Marlatt A.G.,& Gordon J.R. Relapse prevention:Maintenance strategies in the treatment of addictive behaviors. New York.:The Guilford press;3-70,1985.

対象別解説 column 栄養士・指導者向け

スポーツ食育のための行動科学

行動習慣作りのためのテクニック

●葦原摩耶子

　健康に関係する行動の中でも食行動の変容はむずかしいと考えられます。なぜなら、食品、調理法、分量、栄養バランス、間食など、多くのことに気をつける必要があるからです。自分の食生活を変える必要性は感じていても、課題が多すぎて何から手をつければよいのかがわからず、結局何もしないままの相談者も多いのではないでしょうか？　このコラムでは、そのようなときに相手の状況を把握し、相談者に合った目標を立てるときに利用できる行動習慣作りのテクニックをご紹介します。

1 セルフモニタリング

　セルフモニタリングとは、自分の行動の記録をとることです。蓄積された記録を見て、自分の行動をふり返ることによって、自分自身の課題を明確にすることができ、そこから適切な目標設定につなげることができます。「食事のセルフモニタリング表」の例は、111ページをご覧ください。

　記録は、「間食をがまんする」など記録をとる項目を決め、「よくできたら○、半分できたら△、できなかったら×」など評価基準を決めておけば、簡単に実行することができます。初めは記録する項目を少しにしておきましょう。毎日記録をつけること自体に不慣れなので、めんどうになり続きません。

　また、目標行動の記録のほかにも、その日の天候や、起こった出来事、気分などをメモしておくと、行動のふり返りのさいに役に立ちます。たとえば、「イライラした気分の日は食べすぎる傾向にありますね。イライラを解消する方法を考えてみましょう」「疲れたときには食事に基本の6皿をそろえることがむずかしいようですね。作りおきできるメニューを準備しておきましょう」といったように、問題解決のためのアドバイスに利用できます。

2 目標設定

　相談者の行動を変えるためには、適切な目標設定が不可欠です。たとえば、今まで毎日間食をとっていた相談者が、いきなり完全に間食を断つという目標を立てても、失敗してしまうことは目に見えています。したがって、目標を立てるときには、相談者がかならず達成可能なレベルから始めて、だんだんと目標をむずかしくしていくことが望まれます。成功体験を積むことでセルフ・エフィカシー（できるという見込み感）が向上し、継続につながるのです。

　加えて、何をどの程度行うのか、より具体的な行動目標を立てる必要があります。たとえば、「1回の間食の量を半分に減らす」など、できるだけくわしく目標を定めてください。そして、その目標の達成度を、その他の行動記録といっしょにセルフモニタリングすることで、進歩状況をチェックすることができます。その結果、達成がむずかしいようなら目標のレベルを下げるように、2週間以上成功しているようならもう少しむずかしい目標に変えるようにアドバイスしてください。

状況別のスポーツ食育

① アレルギーのある子どもが安心して食べられる食事

●鈴木志保子

Q チームに食物アレルギーの選手がいるときに、指導者はどうしたらよいでしょうか？

A 食物アレルギーとは、「原因食物を摂取した後に免疫学的機序を介して生体にとって不利益な症状（皮膚、粘膜、消化器、呼吸器、アナフィラキシー〈食物、薬物、ハチ毒などが原因で起こる、症状の進行が早いアレルギー反応のひとつの総称〉など）が惹起（引き起こすこと）される現象」と定義されています。また、わが国における食物アレルギー有病率調査は、乳児が約10％、3歳児で約5％、学童以降が1.3～2.6％程度と考えられ、全年齢を通して、わが国では推定1～2％程度の有病率であると考えられています。（「食物アレルギーの診療の手引き2008」より）

具体的な症状としては、かゆみ、じんましん、口腔・口唇・舌の違和感・腫脹、腹痛、悪心、嘔吐、下痢、くしゃみ、鼻汁などがあげられます。アナフィラキシーショックとよばれ、頻脈、虚脱状態（ぐったり）、意識障害、血圧低下などの全身性症状が起こり、生命を脅かすような危険な状態になる場合もあります。

アナフィラキシーの中には、食物依存性運動誘発アナフィラキシーという原因食物を摂取後、運動を行ったときにアナフィラキシーを起こす疾患もあります。

原因食物は、表1に示すように多岐にわたります。指導者が注意しなくてはいけないポイントとしては、食べることができない食物のある選手に対して、「偏食」であると決めつけず、食物アレルギーの有無について確認することです。

食物アレルギーを持つ選手がいる場合には、保護者に原因食物を確認し、把握することが重要です。特に、遠征や試合のとき、全員に食事や補食を提供する場合には、原因食物をその選手が口にしないように注意しなくてはいけません。さらに、アナフィラキシーを持っている選手の場合には、料理には原因食物が入っていなくても、調理のさい、たとえば、原因食物を調理した調理器具を洗わずに使うことなどによって、微量でも混入してしまうと、ショック症状となることもあります。保護者と連携し、細心の注意を払う必要があります。

Q 食物アレルギーの選手の保護者が注意しなくてはいけないことを教えてください。

A 乳幼児のときに現われた症状から、食物アレルギーと決めつけていませんか？まずは、専門医を受診し、検査をしてもらうことにより、食物アレルギーであるかの診断や、原因食物の特定をしてもらいましょう。

食物アレルギーを持つ選手の保護者のかたは、原因食物摂取時の症状は変化しますので、定期的に専門医を受診し、現状の確認をすることをおすすめします。また、アナフィラキシーがある場合には、競技を行うさいの注意点等に関して、主治医と相談しておく必要があります。

指導者は、食物アレルギーという言葉は知っていても、どのような疾患かを理解していることは少ないので、保護者は食物アレルギーについての情報と選手の状況、原因食物、注意してほしいことなどを具体的に指導者へ伝えることが重要です。指導者の理解がない場合には、その場の雰囲気から、選手は症状が発症することを知っていながら食べなくてはいけない状況になることもあります。

運動をすることによって、必要となるエネルギーや栄養素量も増加します。原因食物の数が多かったり、微量の摂取でも症状が現われたりする場合には、食べることができる食品の数が限られ、エネルギーや栄養素が不足する可能性があります。不足している状況にならないように子どもの成長の状態を確認するために、成長曲線などの指標を利用することをおすすめします。

練習量が増えることによって身体活動量が増加し、それに見合うエネルギーや栄養素をとることができない状況になった場合には、健全な発育・発達を優先的に考え、競技を続けていくために、練習の量や質などの調整を指導者と相談してください。

表1 年齢別の食物アレルギー原因食物（N=1270）

	0歳	1歳	2,3歳	4〜6歳	7〜19歳	20歳以上
1位	鶏卵 62%	鶏卵 45%	鶏卵 30%	鶏卵 23%	甲殻類 16%	甲殻類 18%
2位	乳製品 20%	乳製品 16%	乳製品 20%	乳製品 19%	鶏卵 15%	小麦 15%
3位	小麦 7%	小麦 7%	小麦 8%	甲殻類 9%	そば 11%	果物類 13%
4位		魚卵 7%	そば 8%	果物類 9%	小麦 10%	魚類 11%
5位		魚類 5%	魚卵 5%	ピーナッツ 6%	果物類 9%	そば 7%
小計	89%	80%	71%	66%	61%	64%

厚生労働科学研究「食物アレルギーの診療の手引き2008」を一部改変

2 練習終了時間が遅くなったときの食事
――タイミング・食品・摂取量の考え方

●木村典代

Q 練習で帰宅が遅くなる日は、どのようなタイミングで食事をとったらよいでしょうか？

A 成長期の子どもは、充分な睡眠時間を確保するために、夜の9時から10時にはふとんに入ってもらいたいものです。しかし、小・中学生のチームでも、それぐらいの時間まで練習することがあるようです。やむをえない事情で練習時間が遅くなってしまうと、夕食のタイミングを逃してしまう可能性も考えられます。では、練習時間が遅くなってしまうときには、どのようなタイミングで食品をとればよいでしょうか？

食べるタイミングは、練習前、練習中、練習後、帰宅後の4ポイントがあります。中学校の部活動などでは、練習が終わって帰宅するまで、補食のタイミングがないかもしれませんが、クラブチームなどに所属している選手でしたら、学校が終わってから練習に行くまでの間に補食をとることは可能だと思います。練習が夜遅くまである日には、練習前に補食をとっておくとよいでしょう。また、練習中や練習後にも、おなかがすいたらすぐに何かを食べられるように、補食を持って練習に臨むようにします。

Q 練習前後には、どのようなものを食べたらよいでしょうか？

A 補食として準備しておきたい食品は、炭水化物（糖質）の供給源となる"おにぎり"や"サンドイッチ"、"肉まん"や"あんまん"などです。食べる量は、練習前や練習中なら、おにぎり1個、サンドイッチ2切れ、肉まんやあんまん1個程度が目安となります。

また、練習後、すぐに帰宅できない場合は、夕食を分けて食べてもよいでしょう。たとえば、練習が終わってから自宅に戻るまでの間に、おにぎり2個＋牛乳・乳製品や果物などを食べておき、家に帰ってから、肉・魚などのたんぱく質源の主菜と、サラダや煮物、汁物などの副菜をとり

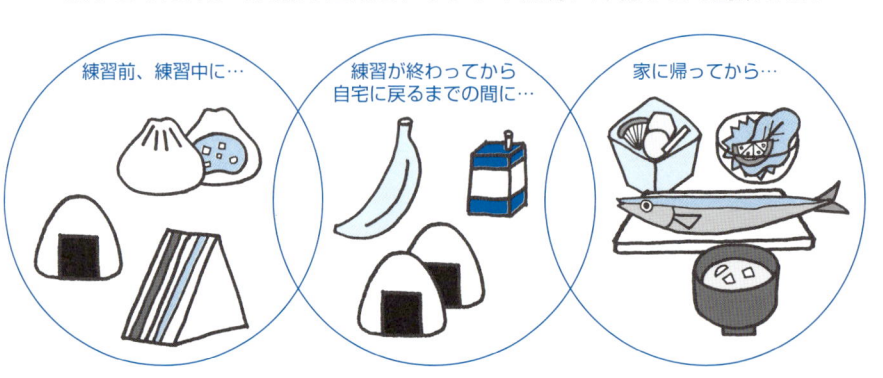

ます。また、夕食をお弁当箱に詰めて、練習に臨むのも一つのアイデアです。少しでも早く夕食を食べるためにくふうをしてみましょう。

　夜、遅くなった練習後の食事では、寝るまでに充分な時間がありません。消化に時間がかかる揚げ物などの油っぽい料理は、控えめにすることもたいせつです。

Q 夕食は、何時までに、どれくらいの量を食べたらよいでしょうか？

A　夕食の時間帯と食べる量は、朝、起きたときの状態で決めるとよいでしょう。朝、起きたときに食欲がない場合は、前夜の食事時間が遅すぎたか、食べる量が多かったことを意味しています。もしも、おなかがもたれてしまうようならば、できるだけ練習前後に補食をとり入れるようにして、帰宅後の食事量を減らすくふうが必要です。もしくは、練習時間をもっと早い時間に変更できるかどうかを、指導者に相談してみてください。

> チェックポイントは、朝起きたときの食欲です！

起床時に、食欲がないときは、次のことをチェックしてみましょう
- ☐ 帰宅後の食事量が多い ▶ 練習前や練習直後に夕食を分食する
- ☐ 油っぽい料理が多い ▶ 夕食の揚げ物やいため物を減らす
- ☐ 練習が終わる時間が遅すぎる ▶ 指導者に相談する
- ☐ 寝る前におなかがすいて間食した ▶ 寝る直前に食べない

3 ジュニア選手の減量と低体重

●木村典代

Q ジュニア選手のうちから減量を行うと、どのような問題がありますか？

A 柔道やレスリングなどの体重制限のあるスポーツや、陸上長距離種目、体操や新体操、フィギュアスケート、スキージャンプなどのように、体重が軽いほうが有利と考えられているスポーツでは、減量を行う選手もいます。しかし、やみくもに体重を制限することは、成長期のジュニアスポーツ選手にとってよいことではありません。

特に、女子選手の場合は、拒食症や過食症になったり、生理がなかなか始まらない（初潮が遅れる）、もしくは、生理が止まってしまう（無月経）ようになったり、骨密度が低く、骨折しやすくなることが問題視されています。これらを"女子選手の3主徴"とよんでいます。

これらの症状は、1つだけ出てくることもありますが、2つもしくは3つ同時に出てくることもあります。いずれにしても、それぞれがお互いに影響しあっていると考えられているので注意が必要です。この症状に陥った選手に共通していることは、"やせたい"、"やせなきゃいけない"という気持ちが強く、体重のことで頭がいっぱいになってしまっていることです。勝つために体重をコントロールしようとしているうちに、いつの間にかやせることが目的になってしまうのです。

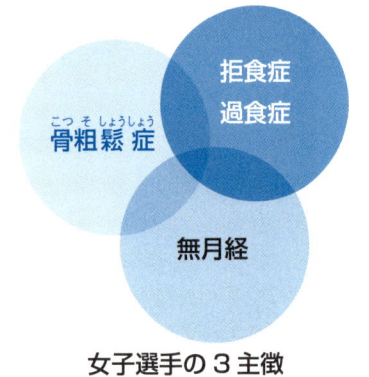

拒食症 過食症／骨粗鬆症／無月経
女子選手の3主徴

Q このような症状に陥らないようにするためには、どうしたらよいでしょうか？

A まずは、基礎代謝分と成長分と身体活動で使ったエネルギー量を、食事からきちんととることがたいせつです。そのことは、18ページでも紹介しています。摂取したエネルギー量が、消費したエネルギー量よりも少ない食事をずっと続けていると、からだは、省エネモードに切りかわってしまいます。この状態になると、あまり食べていないのに体重は落ちなくなり、上記のような身体症状が出てくるのです。

成長期のジュニアスポーツ選手は、からだがきちんとでき上がるまでは無理な減量をしてはいけません。そのことを保護者も指導者も、しっかりと認識する必要があります。無理な減量をさせて、子どもの選手生命を縮めないように気をつけましょう。

4 ジュニア選手のサプリメントの考え方

●木村典代

Q サプリメントって何ですか？

A サプリメントとは栄養補助食品のことをいいます。つまり、通常の食事ではとりきれない栄養素をとるために作られた、通常の食品とは異なる形状をしている食品のことです。

一言でサプリメントといっても、いろいろな種類のものがあります。たとえば、スポーツドリンクやエネルギーバー、エネルギーゼリーもサプリメントの一種といえます。

Q サプリメントをとると競技力は向上しますか？

A 競技力は栄養素不足があると、低下することがありますが、多くとっても競技力は向上しないといわれています。製造場所や原材料などがわからない、あやしいサプリメントの中には、ドーピング禁止薬物が混入していることがあります。スポーツ選手は、自分が口にするものすべてに責任を持つ必要があります。また、指導者や保護者も、サプリメントを安易に選手にすすめたり、とらせたりしないようにしましょう。

Q サプリメントは、ジュニア選手にも必要ですか？

A ジュニア期のからだは発育・発達段階にあり、この時期にとる食事は、その人の一生を決定づける重要な因子と考えても過言ではありません。成長期にサプリメントに頼ると、一生、サプリメントに頼らなければ食事ができない選手になってしまうかもしれません。食育の観点からも、ジュニア選手のサプリメント摂取を推奨することはできません。

しかし、サプリメントは、栄養補助食品として、通常の食事から充分にとれない栄養素がある場合には必要になるかもしれません。たとえば、衛生面がとても悪い地域で、安全な食材が手に入らないときや、激しい食欲不振になってしまい、まったく食べられなくなってしまったときには、ビタミン剤やプロテイン、エネルギーバーなどが必要になることがあります。また、試合や練習の合間に、水分補給や栄養補給が必要になったときなどは、エネルギーゼリーやスポーツドリンク、エネルギーバーなどが有効になります。

5 夏バテ予防の食事

●木村典代

Q 夏バテの原因は何ですか？

A 夏バテという言葉には、はっきりとした定義はありませんが、暑いときには胃腸の働きが鈍くなり食欲が低下します。全体的に食べる量が減り、その状態がしばらく続くとあらゆる栄養素が不足し、最終的にはからだがだるく感じ、無気力状態になってきます。このような状態を夏バテとよんでいるようです。また、冷たい飲み物の過剰摂取は、胃腸の働きをさらに鈍らせ、夏バテの症状を悪化させるようです。スポーツ選手は、スポーツをしない人よりもたくさんからだを動かしていますから、夏バテの影響をより受けやすいと考えられます。夏バテしにくいからだにするためには、規則正しい生活をし、暑いときでもしっかり食べる練習をしておくこと、食欲を増進させるためのくふうをすることがたいせつです。

Q 食欲を増進させるためにはどうしたらよいでしょうか？

A まずは、練習が終わったあとに、甘味の強い飲み物を過剰にとりすぎていないかをチェックしましょう。たとえば、炭酸飲料やジュース類などを多くとると血糖値が上昇し、それだけで満腹感を感じるようになります。そうなると当然、そのあとの昼食や夕食が食べられなくなってしまいます。

次は、食欲を増進させるアイテムをじょうずに使うことを考えます。食欲増進に効果を発揮するアイテムには、辛いもの、しょっぱいもの、ピリッとするもの、酸味の強いもの、風味をよくするものなどがあります。

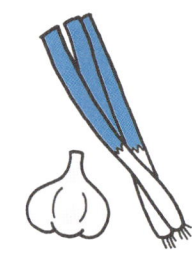

> こしょう、さんしょう、ねぎ、しょうが
> カレー粉、豆板醤、とうがらし
> レモン、梅干し、酢
> にんにく、ごま、しそ、カツオ節

そのほか、のど越しのよい、茶わん蒸しや冷ややっこ、卵豆腐、そうめんなどもおすすめです。ごはんは炊き込みごはんにしたり、味つけごはんにすると食欲が増します。特に、夏場に不足しがちな栄養素は、エネルギー代謝に関係しているビタミンB群です。ビタミンB群を多く含む、肉類や魚類、大豆製品などのたんぱく質源と、緑黄色野菜を不足させないこともたいせつです。

6 かぜを予防するための食事

●木村典代

Q かぜの簡単な予防方法はありますか？

A かぜとは呼吸器の感染症のことをいい、80～90％がウイルスによるものです。手指についたウイルスが体内に入る接触感染や、ウイルスを持っている人の咳やくしゃみなどによってウイルスが飛散し体内に入る飛沫感染が、感染経路となります。したがって、手洗いやマスクの着用が最も簡単な予防方法となります。しかし、スポーツ選手は競技中にマスクをすることはできませんし、手を洗うこともできません。汗をかけば、自然と手が鼻や口に触れますから、感染しやすい状況をみずからつくりだしているようなものです。したがって、スポーツ選手は基礎体力を強化し、自分自身の免疫力を高め、感染しにくいからだを作ることがとても重要になるのです。

Q 免疫力を高めるために、栄養面で注意することは何ですか？

A 免疫力を高めるための栄養素は、ビタミンA、C、Eと、たんぱく質です。これらのビタミンは、特に緑黄色野菜に多く含まれますが、体内ではそれぞれ相互に影響しあって効果を発揮します。また、たんぱく質は、免疫力を高めるだけではなく、からだを温める効果も持っています。ビタミンA、C、Eと、たんぱく質がたっぷりととれるメニューには、なべ物やシチューなどがあります。かぜの多い季節や疲れているときなどには、これらの栄養素を多く含む食品を意識的に食べるようにしましょう。

ビタミンA 鼻やのどの粘膜を強化する
緑黄色野菜（かぼちゃ、にんじん、ほうれん草など）、レバー、ウナギなど

ビタミンC 免疫力を強化する
野菜、果物、芋類

ビタミンE 血行をよくし、抵抗力を高める
緑黄色野菜、種実類、大豆製品、植物油など

たんぱく質 免疫力を高め、からだを温める
魚、豚肉、鶏肉、豆腐、牛乳、卵

もし、予防していてもかぜをひいてしまったときには、これらの栄養素を充分にとって、からだを温めてしっかりと寝ることがたいせつです。

対象別解説 column 05 子ども向け

朝食の重要な役割
●濱田広一郎

朝ごはんを食べていますか?

朝ごはんをきちんと食べるとこんないいことがある!

　みなさんは朝ごはんをきちんと食べていますか? 最近、朝ごはんを食べない人が増えています。朝ごはんを食べない理由を聞くと、「朝起きられないから」「おなかがすいてないから」といった返事が返ってきます。つまり、「夜遅くまで起きていて、睡眠時間が短くなってしまった」「おなかがすいてお菓子や夜食を食べてしまった」など、生活習慣に問題があるようです。

　では、朝ごはんを食べると、どんないいことがあるのでしょうか。朝ごはんにはまず、からだと頭にエネルギーを補給するという役割があります。特にスポーツをする人は、使うエネルギーも多いので、朝からしっかり食べておくことが重要です。また、朝ごはんには、夜、寝ている間に低下した体温を上げるという重要な役割もあります。朝ごはんを食べていないとからだがだるかったり、頭がボーッとしたりしませんか?朝、目覚めたときは、頭もからだも休息している状態です。頭とからだをウォーミングアップするためには、朝ごはんを食べて、睡眠中に低下した体温を上げることがとても重要なのです。

　一方で、朝ごはんは毎日食べているけど、パンやごはんなどの主食だけ、という人はいませんか? 栄養バランスのとれた朝ごはんを食べると、朝ごはん抜きに比べて、体温はより上昇し、疲労感は低いことがわかっています。

早寝・早起きの習慣をつけましょう

　朝ごはんをきちんと食べるには、早寝・早起きの習慣がたいせつです。今まで朝ごはんを食べていなかった人は、毎朝決まった時間に食卓につき、少しでもいいので食べる習慣をつけるようにしましょう。そして、毎日、朝ごはんを食べている人は、血や筋肉をつくるたんぱく質、力やエネルギーのもととなる炭水化物(糖質)や脂質、そしてからだの調子を整えるビタミンやミネラルをバランスよく食べているかチェックしてみましょう。

対象別解説 column　保護者向け

朝食の重要な役割

●濱田広一郎

朝ごはんを食べる習慣を

成長期には朝ごはんが欠かせません

　1日3食の食事の中では抜かれがちな朝ごはんですが、3食のうち、1食でも欠けると1日の必要栄養量を満たすのは困難といわれています。成長期、特にエネルギー消費量の多いスポーツをしている子どもでは、その影響は大きいと思われます。

　また、朝ごはんには、夜、寝ている間に低下した体温を上げる重要な役割があります。人間の体温は1日中変動していて、就寝時から起床時にかけて約1℃低下します。朝、目覚めたときは頭もからだも休息している状態です。だから、からだと頭をウォーミングアップするためには、朝ごはんを食べて、睡眠中に低下した体温を上げることがとても重要です。

　そのほかにも、成長期の子どもにおいて、スポーツ障害頻度は、朝ごはんの摂取不良者に高かったという報告もあります。さらに、朝ごはんを食べている子どものほうがテストの成績が高いという報告もあります。

朝ごはんの効果を大きくするくふうは？

　また、朝ごはんの効果を大きくするには、単にエネルギーをとるだけでなく、バランスよく食べることが重要です。午前中、集中力を高く保って、学習能率のアップをはかるためにも、朝ごはんを食べていないお子さんにはまず食べる習慣をつけさせましょう。そしてこれまで、おにぎりやパンだけだったなら、「スポーツ食育ランチョンマット」（17ページ）を使って、主菜や副菜を加えて栄養バランスに気をつけてみましょう。

対象別解説 column　栄養士・指導者向け

朝食の重要な役割

朝食の意義と影響

●濱田広一郎

改めて見直されている朝食の意義

　最近では「食育」の普及に伴い、栄養バランスのとれた食事や朝食のたいせつさが改めて見直されてきています。さらに、朝食を食べる人のほうが記憶力などの知能テストの成績がよいなど、朝食が学習効果にも影響していることがわかってきました。しかし、近年では、若者だけでなく、7〜14歳の小・中学生でも朝食の欠食率が増加しています（図1）。朝食の欠食は、単に栄養素の摂取不足にとどまらず、疲労感などの自覚症状に関連があるという報告や、知的作業能力への影響、低体温との関連なども報告されています。また、利便性を追求していく社会環境下で、食事そのものも簡便にすませて食事の質を考えない傾向も見受けられます。ここでは、朝食の重要性について調べた最近の研究結果をご紹介します。

栄養バランスのとれた朝食の重要性

　この研究では、男性20名を対象に、①栄養バランスのとれた朝食（食パン、ゆで卵、ハム、サラダ、ヨーグルト）、②市販栄養調整食品、③のりを巻いた具なしおにぎりを食べたとき（それぞれ約400kcal）と、④朝食抜きの4条件のもとで、午前中の体温、暗算作業中の疲労感や集中度の変動について、調べています。

　その結果、バランスのとれた朝食と市販栄養調整食品では、朝食抜きに比べて体温はより上昇し（図2）、作業中の疲労感は低く、作業への集中度は高い（図3）ことがわかりました。そして、暗算についても同様に、バランスのとれた食事をした条件のほうが、正解数が多いという結果が出ています。

　このように、朝食は疲労を予防し、集中力を高めて維持するために重要なことがわかります。それに加え、朝食の効果を大きくするには、糖質だけでなく、たんぱく質や脂質など、他の栄養素もバランスよく含む朝食が必要であるといえます。この研究結果は、朝食抜きの弊害や必要な栄養素をバランスよく補給することのたいせつさを示しています。

図1　7〜14歳の朝食欠食の状況
男：昭和62年 4.0、平成9年 4.2、平成19年 6.4
女：昭和62年 3.5、平成9年 2.4、平成19年 6.9
厚生労働省「平成19年国民健康・栄養調査報告」より作成

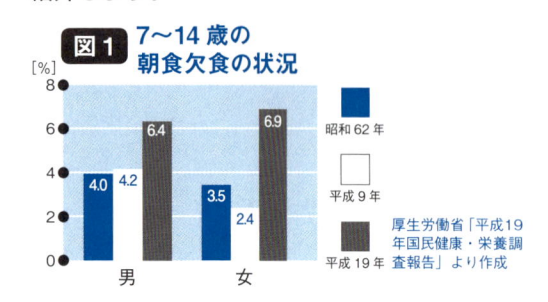

図2　朝食摂取後の体温の変化
摂取前からの体温の変化値［℃］
凡例：栄養バランスのとれた朝食／栄養調整食品／具なしおにぎり／朝食抜き

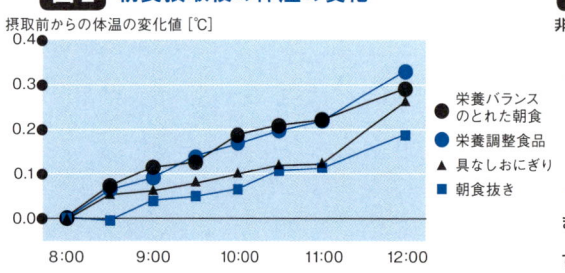

図3　朝食摂取後の集中度の変化 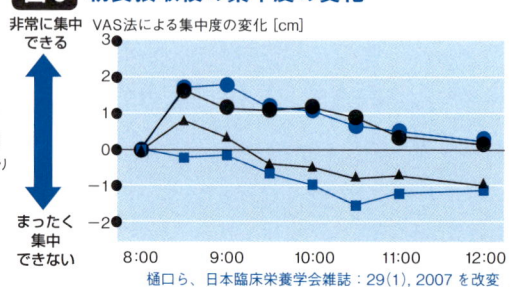
VAS法による集中度の変化［cm］
非常に集中できる↑　まったく集中できない↓
樋口ら、日本臨床栄養学会雑誌：29(1), 2007を改変

試合のときの食事

●文／木村典代　献立／こばたてるみ

❶ 試合前の食事

Q 試合のときに、これを食べたら勝てるという食事はありますか？

A 残念ながら、「これを食べたから勝てる！」という特別な食事はありません。1日だけ一生懸命練習しても競技がうまくならないように、試合のときだけ、特別なものを食べても充分に力を発揮することはできないのです。つまり、試合でベストパフォーマンスを発揮するためには、「なにを食べてきたか」ではなく、「どう食べてきたか」が重要です。

たいせつな試合に備えて、ふだんから「ジュニア選手の食事基本スタイル」を心がけましょう。

Q 明日は試合！　試合の前の晩はどんなことに気をつけて食べたらよいでしょうか？

A 試合前夜の食事も、主食、主菜、副菜2皿以上、牛乳・乳製品、果物がそろった「ジュニア選手の食事基本スタイル」をととのえることがたいせつです。この中でも特に注意したいポイントは3つあります。

1つめ　エネルギー源となる主食（ごはん、めん類、パン）をしっかりと食べることです。副菜としても炭水化物（糖質）を多く含む芋料理やかぼちゃ料理などを準備してもよいでしょう。

2つめ　揚げ物などの油っぽい料理は消化に時間がかかるので、前の晩くらいから控えめにすることです。たとえば、ゆで豚や白身魚のホイル焼きなどなら油なしでも調理できます。

3つめ　食中毒の予防のために、刺し身などのなま物を食べないようにすることです。

98ページの試合前夜の夕食献立を参照してください。

たいせつな試合の前は緊張するものです。試合前夜は少し早めにふとんに入り、睡眠時間をしっかりと確保しましょう。

III章-4　試合のときの食事

試合前夜の夕食献立
(作り方118ページ)
1人分 901kcal

- ●主食／ごはん 338kcal
- ●主菜／ゆで豚(和風だれ)、生野菜添え 226kcal
- ●副菜／里芋のそぼろあんかけ 93kcal
- ●副菜／にんじんサラダ 53kcal
- ●汁物／小松菜と油揚げのみそ汁 48kcal
- ●牛乳・乳製品／いちごヨーグルトドリンク 114kcal
- ●果物／グレープフルーツ 29kcal

Q 試合当日の朝ごはんは、何時に食べたらよいのでしょうか？

A 試合の当日は、試合開始時刻を考慮して朝食を食べるようにします。緊張しているときは、胃腸の消化吸収力はいつもより低下していますので、試合が始まる3時間くらい前には、朝食をすませておくとよいでしょう。たとえば、午前10時から試合が始まる場合は、3時間前の午前7時には食事をすませておくのが理想です。試合当日の朝は、あわてず、ゆっくりと朝食が食べられるように、時間にゆとりを持って起きましょう。

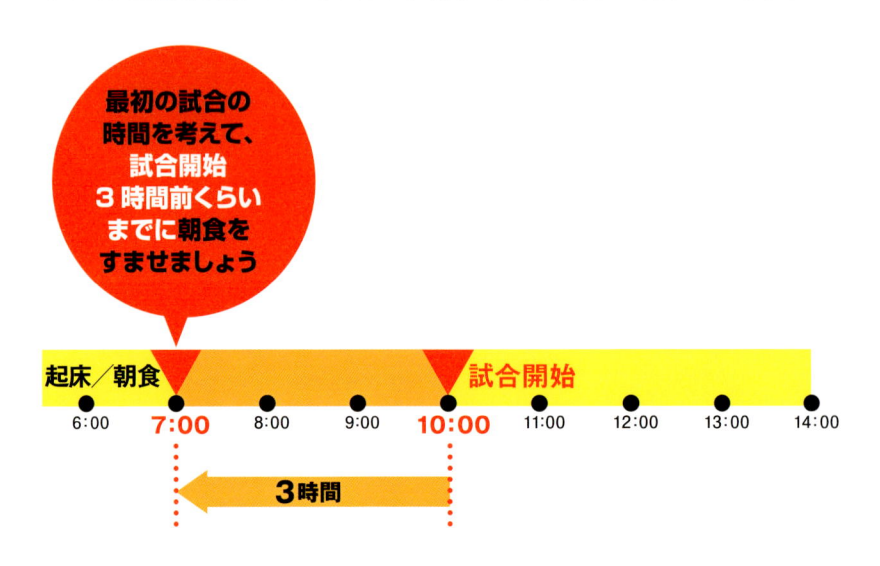

最初の試合の時間を考えて、試合開始3時間前くらいまでに朝食をすませましょう

起床／朝食　7:00　　試合開始　10:00
3時間

Q 試合当日の朝ごはんはなにを食べたらよいでしょうか？

A 試合当日の朝食は、前夜の食事と同じように「ジュニア選手の食事基本スタイル」をととのえます。そのうえで特に気をつけたいポイントをあげます。

1つめ ごはんやうどん、パンなどの主食をしっかりと食べることです。特にごはんはおにぎりや味つけごはんにすると、たくさん食べられます。また、汁物の中にそうめんやうどんなどを入れて、炭水化物（糖質）量を増やしてもよいでしょう。

2つめ 揚げ物などの油っぽい料理は控えめにすることです。油を使わなくてもできるあっさりしたおかずを用意しましょう。

3つめ 食中毒予防のためにも、火を通したものを食べることがたいせつです（左図参照）。

4つめ 少しでも消化を助けるために、少量ずつよく噛んでゆっくりと食べることです。

5つめ 牛乳・乳製品はヨーグルトがおすすめです。ヨーグルトは牛乳よりも腹痛や下痢を起こしにくいといわれています。

6つめ いつもの食事量の8割程度の量を食べることです。いつもどおりに食べられるジュニア選手であれば特に配慮しなくてもよいのですが、試合に向けて朝から緊張していると消化に時間がかかります。8割程度の量を食べたら様子を見て、そのときの食欲や緊張の度合いに応じて食べる量を加減しましょう。

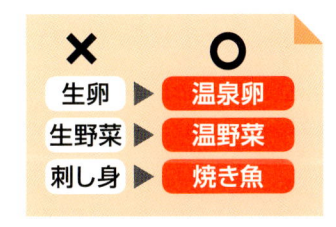

×	○
生卵 ▶	温泉卵
生野菜 ▶	温野菜
刺し身 ▶	焼き魚

×	○
牛乳 ▶	ヨーグルト

試合当日の朝食献立
（作り方119㌻）
1人分 785kcal

- ●主食／おにぎり 351kcal
- ●主菜／温泉卵 83kcal
- ●副菜／ほうれん草とハムのいため物 103kcal
- ●汁物／温めん入り汁物 47kcal
- ●牛乳・乳製品／バナナヨーグルト 117kcal
- ●果物／オレンジジュース 84kcal

2 試合やトレーニング前後の補食

Q 試合やトレーニングの前はどのような補食をとるとよいでしょうか？

A 試合の前におなかがすいたとき、試合時間が長引きそうなときなどは、試合の1時間くらい前までに補食をとっておきます。試合前の補食の選び方は、エネルギー源となる炭水化物（糖質）や糖分を多く含んでいるおにぎり（具が梅干しやこんぶなど）やあんパン、ジャムパン、あんまんなどを選ぶことです。あまり、直前になってからこれらのものを大量に食べると、消化吸収できず下痢や吐きけ、腹痛などの原因になります。時間の余裕を持ち、少量ずつよく噛んでゆっくりと食べることがたいせつです。試合直前にどうしてもなにかを食べたいときは、消化吸収の負担が少ない、フルーツゼリー、バナナ、エネルギーゼリーなどを利用するとよいでしょう。

試合前

試合まで1～2時間くらい前：おにぎり（こんぶ）／サンドイッチ（野菜）／あんまん／あんパン／ジャムパン

試合まで1時間以内：フルーツ入りゼリー／フルーツ入りゼリー／エネルギーゼリー／バナナ／グレープフルーツ

Q 試合やトレーニングのあとはどのような補食をとるとよいでしょうか？

A 試合やトレーニングのあとは、運動中に使ったエネルギーや水分の補給、疲労回復や運動によって傷ついた筋肉を修復させることを目的として補食をとります。運動終了後にできるだけ早めに補食をとると効果が現われやすいといわれています。

エネルギーゼリーやバナナ、オレンジジュースなどに含まれている糖分は消化吸収が速く、速やかに筋肉中にエネルギー源（これを筋グリコーゲンといいます）として蓄積されます。ヨーグルトドリンクやフルーツヨーグルト、おにぎり（具がサケやツナなど）やサンドイッチ（具がハムや卵など）、肉まんなどは炭水化物（糖質）や糖分だけでなく、たんぱく質も含むので傷ついた筋肉の修復や筋肉の合成も期待できます。

試合後

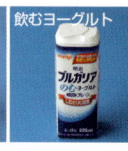

エネルギーゼリー／バナナ／果汁100%ジュース／飲むヨーグルト／肉まん／おにぎり（サケ）

③ 試合やトレーニング前・中・後の水分補給

Q 試合やトレーニングのときは、どのように水分補給をしたらよいでしょうか？

A 水分補給の目的は、脱水によって引き起こされる熱中症を予防することと、運動時に使うエネルギーの補給、競技力の低下を防ぐことです。

試合前：試合や練習の開始30分くらい前から、コップ1杯程度の水分補給を開始します。のどが乾いたと感じたときには、すでに脱水が始まっているといわれています。汗をかいて脱水が進むと競技力が落ちるので早め早めの対策が必要です。

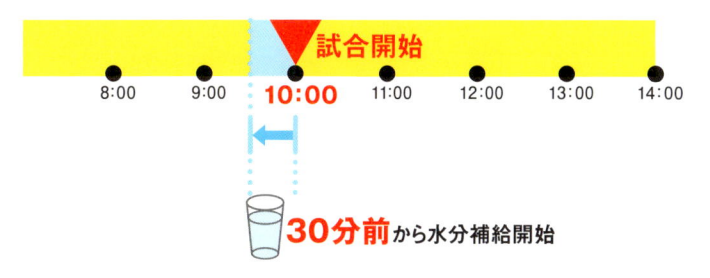

30分前から水分補給開始

試合中：コップ1杯程度の水分を15～20分おきに飲むようにします。気温や湿度の状態で水分をとる頻度や量は変更します。また、試合や練習が長引きそうなときや、激しい動きが多いときには、エネルギー補給のために糖質濃度4～8％程度の飲料を用意することもたいせつです。さらに、汗の量が多いときには熱中症予防のために塩分を含んだ飲料（塩分濃度0.2～0.3％）も用意しましょう。ただし、練習時間や試合時間が短いときには、塩分や糖分の入っていないお水やお茶でも十分です。飲料の温度は5～15℃くらい（5℃は冷蔵庫から出したときの温度、15℃は水道水くらいの温度）が適温です。

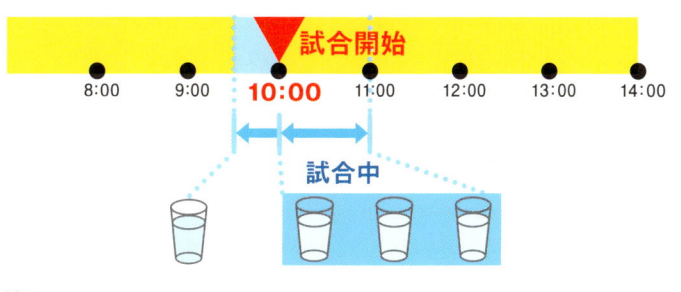

試合後：試合や練習で失ったエネルギーと水分を補給するために、スポーツドリンクやフルーツジュースなど（糖質濃度10％前後）がおすすめです。そして、試合（練習）前後には体重計に乗りましょう。体重が減っていた場合は脱水が考えられます。試合（練習）が終ったあともこまめに水分補給をして体重を元に戻しておくことがたいせつです。

4 試合後の体力回復のための食事

Q 試合後に、できるだけ早く体力を回復させるためにはどうしたらよいでしょうか？

A 試合で消耗した体力をできるだけ早く回復させるためには、炭水化物（糖質）や糖分を含む食品でエネルギー補給をすることがたいせつです。

しかし、試合直後は気持ちもからだも興奮していて、すぐにはなにかを食べる気持ちになれないかもしれません。そのようなときには、スポーツドリンクやエネルギーゼリー、オレンジジュースなどで、水分と糖分を補給し、試合が終わってから30分くらいまでの間に、おにぎりやサンドイッチなどの軽食を食べるとよいでしょう。

試合後、食事までの時間をあけすぎないこと

すぐに食べられない ……▶ **水分ならとれる**
オレンジジュースやスポーツドリンク、エネルギーゼリーなどをとる。

すぐに食べられる
からだが冷えないようにTシャツ等を着がえたら、水分摂取と、炭水化物（糖質）を中心とした食品（おにぎりやパン）をとる。

試合後30分くらいまでの間に少しずつでもよいので、飲料と、炭水化物（糖質）を中心とした食品（おにぎりやパン）をとる。

Q 1つめの試合が終わったあとに、また次の試合があります。どのようなことに気をつけて食事をすればよいでしょうか？

A 1つめの試合が終わったら、次の試合までにどれくらいの時間があるかをあらかじめ確認しておきましょう。たとえば、あき時間が30分未満の場合には、スポーツドリンクやエネルギーゼリー、100%フルーツジュースなどの液体やゼリー状の飲料や食品を補給しましょう。30分以上のあき時間がある場合には、さらに1時間以上あるか1時間未満かをチェックします。1時間未満であれば、果物やエネルギーバー、一口サイズのカステラ程度にとどめ、水分補給をしっかりとしておきましょう。あき時間が1時間以上ある場合は、おにぎりやサンドイッチなどの軽食を、さらに2時間以上ある場合は、準備しておいた炭水化物

フローチャート

次の試合までのあき時間を考える

- 次の試合がない → 明日は試合がある
  - YES: 試合が終わったらできるだけ早めに炭水化物（糖質）を中心とした補食をとる。家に帰ったあとも、水分補給と夕食をしっかりとり、早めにふとんに入る。
  - NO: 家に帰ったあと、おちついてゆっくりと食事をとり、リラックスする。
- 次の試合がある
  - 30分あく
    - NO: エネルギーゼリーやスポーツドリンクでエネルギー補給を行う。
    - YES → 60分ある
      - NO: 果物、一口サイズのカステラ、エネルギーバー
      - YES → 2時間ある
        - NO: 軽食（おにぎり、サンドイッチ）
        - YES: 普通に炭水化物中心の食事をしてもOKだが食べすぎないこと。

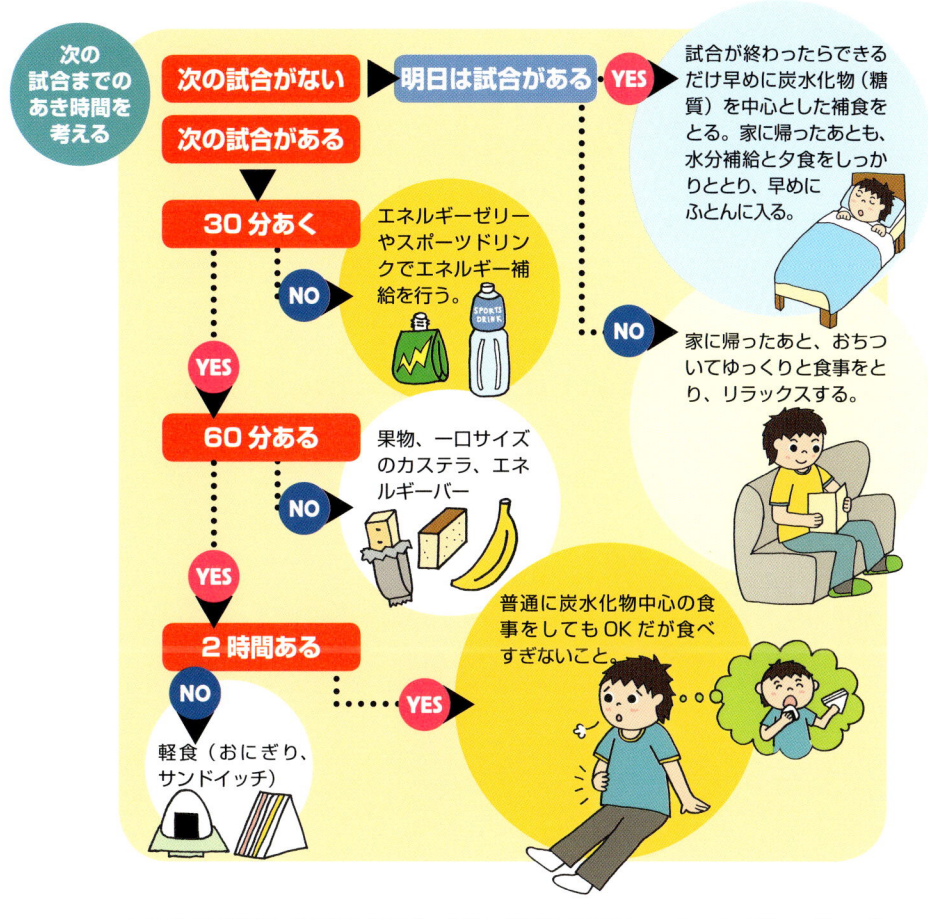

中心のお弁当や食事などを食べても問題ないでしょう。ただし、ゆっくりとよく噛んで、食べすぎないようにすることがたいせつです。

　1日に何試合もあるときには、試合会場で落ち着いて昼食をとることがむずかしい競技もあります。試合の前日から試合時間を確認しておき、試合の当日は補食を用意して試合会場に臨むようにしましょう。

Q 1つめの試合のあとは、もう試合がありません。どのようなことに気をつけて食事をすればよいでしょうか？

A 1日に1試合しかない場合でも、翌日に試合や練習があるかどうかをチェックしましょう。翌日に疲れを残さないためには、試合が終わったあと、なるべく早めに糖分中心の補食や100%フルーツジュース、エネルギーゼリーなどをとるとよいでしょう。ただし、補食や飲料をとりすぎてしまうと、家に帰ったあと、肝心の夕飯が食べられなくなってしまうので注意が必要です。家に帰ったあとも、水分補給と、「ジュニア選手の食事基本スタイル」でととのえた夕食をしっかりとり、早めにふとんに入るようにします。

5 競技別に配慮すること

●木村典代

Q 競技種目によって、試合の日の食事のとり方は変わりますか？

A 競技種目によっては、1日1試合しかないものや、1日に2、3試合、多いと5、6試合も行う競技があります。また、競技時間もまちまちで、野球やソフトボールのように数時間もかかるものもあれば、20～30分で終わってしまう競技もあります。その他、試合が連日続く競技と、1日だけで終わってしまうものもあります。それぞれの競技特性にあわせて、試合当日の食事戦略を練っておくとよいでしょう。

競技種目例	運動強度	試合時間	1日あたり試合数／日数	食事で配慮すること
駅伝・陸上長距離、水泳（長距離）	中～高	数分か数十分	1試合／日／1日	1日1試合で終わることがほとんどです。試合後の特別な食事戦略はなく、試合前のからだ作りと試合前の食事の配慮がとても重要です。試合前は充分に炭水化物（糖質）をとって臨みましょう。
柔道・レスリングなど	高	数秒～数分	数試合／日／数日	数秒～数分の間に爆発的なパワーを発揮します。日ごろから瞬発力系スポーツの食事を心がけてしっかりとからだ作りをしておくことがたいせつです。また、試合が終わったらすぐに次の試合にそなえて補食をとるようにしましょう。さらに、翌日にも試合があるときには早めに夕食をとり、筋肉の疲れをとるために睡眠時間をたっぷりと確保しましょう。
陸上短距離・跳躍系、水泳（短距離）	高	数秒間	数試合／日／数日	
野球・ソフトボール	低～中	数時間	1～2試合／日／数日	日ごろの練習に比べると、試合によるエネルギー消費量はピッチャーを除くとそれほど高くありません。ピッチャーは充分な炭水化物の摂取をして試合に臨みましょう。野球、ソフトボールのような屋外競技では充分な水分補給を心がけましょう。
バスケットボール、サッカー、テニス、バレーボール、バドミントン	中～高	数十分～数時間	1～3試合／日／数日	多くの球技スポーツは、瞬発力と持久力が要求される混合系スポーツなので、日ごろからしっかりとからだ作りをしておくことがたいせつです。また、運動強度も中等度以上のものがほとんどであり、試合中のエネルギーの消耗は大きくなります。試合の前にはエネルギー源である炭水化物をしっかりとっておきましょう。さらに1日に数試合あることもありますから、試合のスケジュールを事前にチェックし、食事と補食の計画も立てておきましょう。翌日に試合がある場合は、早めに夕食をとり、睡眠時間を充分に確保するようにしましょう。
卓球など	低～中	数十分	3試合以上／日／数日	運動強度はそれほど高くありませんが、1日の試合数がとても多いことが特徴です。このように試合数が多い競技では、食事の時間が確保できないことがあります。事前に翌日の試合のタイムスケジュールを確認して、どのような補食をどれくらいとればよいかを、計画しておくことがたいせつです。

対象別解説 column 05 子ども向け

運動中の水分補給

●伊藤静夫

どうして汗をかくのだろう？
どうしてノドがかわくのだろう？

汗をかかない犬と汗をかく人間のちがい

　夏の暑いとき、犬と散歩をした経験がありますか？　私たち人間は、汗をかきながらでも、かなり長い時間、歩いていられます。しかし、多くの犬はすぐバテてすわりこんでしまうでしょう。そんな犬をよく観察すると、汗をかいていないことに気がつきます。犬は、汗をかかない代わりに、舌を出してハアハアとはやい呼吸をします。じつは、この浅くはやい呼吸でからだの水分を蒸発させ、熱を外に逃がしているのです。この呼吸が、人間の汗の代わりになっています。

　ただし、呼吸による熱の逃がし方は効率が悪く、すぐ熱がたまってしまい、動けなくなります。犬は、このように暑さに弱い分、けっして無理をしません。熱がたまってくると、日ざしをさけ、日陰（ひかげ）で休みます。じつにかしこい方法で、暑さに対処しているのです。

　一方、人間はたくさん汗をかくことができます。汗は、余分になった熱をからだの外に逃がす役割をしています。汗が蒸発するとき、熱もいっしょに逃げていくのです。そのおかげで、夏の暑いときにも、人間はスポーツ活動を楽しむことができるのです。しかし、暑いときに、あまり無理をすると、体温が上がりすぎて熱中症事故を起こすことがあります。人間も暑いときには無理をしないよう、犬を見習いたいものです。

ノドがかわいたら水を飲もう

　さて、人間が汗をかけるためには、からだの中に充分な水をためておくことが重要です。大人では、体重のおよそ60％が水です。子どもではさらに多く、70％になります。からだの半分以上は水でできているのです。したがって、汗でからだの水が失われたら、適切に水分を補給することがとてもたいせつなのです。

　汗をかいてからだの水がある程度失われると、私たちのからだはノドのかわきをおぼえるしくみになっています。ノドがかわいたら水を飲み、足りなくなったからだの水を補います。そのため、夏の暑いときのスポーツ活動では、飲み物を忘れないようにしましょう。いつ、どれだけ飲めばよいのかは、あまり気にする必要はありません。ノドがかわいたときに、飲めばよいのです。

対象別解説 column　保護者向け

運動中の水分補給　　　　　　　　　　　　　　　●伊藤静夫
自由に水分補給のできる環境を

子どもは水が不足しやすい

　体内の水分は、成人男子で体重の約60％になります。これに対し、小児で約70％と水の占める割合が多くなります。小児では、それだけ水が不足しやすくなるのです。

　失われた水は、飲食物の摂取によって補われます。日常われわれが飲む水の量は、口渇感（のどの渇き）によって調整されています。しかしスポーツ活動中、口渇感は一般に遅れて現れます。体内の水分が不足しても、すぐにのどが渇くわけではありません。したがって自由飲水条件下でも、汗で失った水の回復は遅れがちになり、脱水になりやすいことが知られています。この現象を「自発的脱水」とよんでいます。

　自発的脱水のメカニズムはかならずしも明らかではありませんが、ヒトに限らずネズミなどでも確認でき、生理的な調節によるものと考えられています。問題は、スポーツ活動中に自発的脱水がどの程度進行するかということです。3％の脱水になると運動能力にも影響しますが、2％程度であれば特に問題ありません。日本体育協会の「スポーツ活動中の熱中症予防ガイドブック」においても、2％以内を目安にしています。

自由に水分補給のできる環境をととのえることが第一

　さて、実際に夏季スポーツ活動時においてこの脱水率がどの程度になるかを調査した結果では、特別暑い環境下で激しい運動をしない限り、自由飲水でも2％以上の脱水にはならないことがわかりました。図1には、小学生、中学生、高校生の野球部の練習時における発汗量と脱水率を示しました。高校生になるとトレーニング強度も高くなり、発汗量も多く、脱水率もぎりぎり2％でしたが、小・中学生では適切に水分を補給し極端な脱水にはなっていません。口渇感に応じた自由飲水で、適正に水分補給ができていることがわかります。したがって、どのくらい飲んだらいいかというより、子どもたちが自由に水分補給できる環境を整えることが、まずはたいせつになります。

　なお、夏季スポーツ活動では、体調不良をおして無理をすることが、最も熱中症を招きやすくします。また、体型的には肥満の人ほど相対的に放熱面積が狭くなるので、熱中症リスクが高くなります。肥満傾向の児童に対しては、暑熱環境下において無理なスポーツ活動にならないような配慮が必要です。

図1 野球の夏季練習時における年代別の発汗量、脱水率

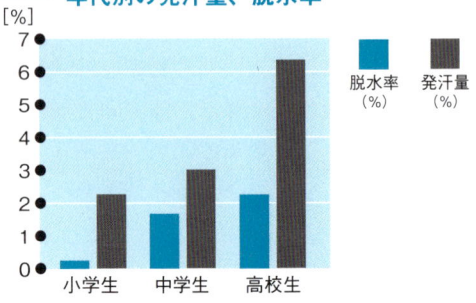

脱水率（％）＝（練習前体重－練習後体重）／練習前体重×100
発汗量（g）＝練習前体重－練習後体重＋飲水量
発汗量（％）＝発汗量（g）／練習前体重×100（大貫他、2002）

出典
大貫義人，伊藤重和，梶原洋子：野球の夏季練習時におけるジュニア期年代別の温熱生理学的実態．平成13年度 日本体育協会スポーツ医・科学研究報告「ジュニア期の夏期スポーツ活動に関する研究‐第2報‐」52-56：2002

対象別解説 column　栄養士・指導者向け

運動中の水分補給　　　　　　　　　　　　　　　●伊藤静夫

水分補給で自発的脱水を2％以内に

運動中の自発的脱水

　スポーツ活動中に水を飲んだほうがよいという考え方は、比較的最近のものです。1960年代以前では、練習中や試合中に水を飲むことはできるだけ控えるように指導されました。学術レベルでも、運動中の水分補給を積極的に推奨したわけではありません。しかし1970年代になると、水分補給を積極的にすすめるようになります。科学的な研究によってその効果が明らかにされてきたからです。

　運動中、体液が失われてものどの渇きはただちに起こらず、脱水になりやすいことが知られています。これを「自発的脱水」といいます。自発的脱水によって、運動中にはどうしても体液が不足ぎみになります。ここに、水分補給の必要性があるのです。

　一方、マラソンのような長時間にわたるレースでは、水の飲みすぎによる弊害もあります。血液中のナトリウム濃度が低下する低ナトリウム血症、いわゆる「水中毒（みずちゅうどく）」です。細胞の水が過剰になり、重篤な場合には肺水腫、脳浮腫（ふしゅ）を起こし、実際のマラソンレースでの死亡事故も報告されています。ただし、通常の青少年のスポーツ活動時では、ことさら低ナトリウム血症を心配する必要はありません。

　ひところのように、練習中に水を飲むことをかたくなに禁止するのは明らかに誤りです。一方、一定量の水を半ば強制的に飲ませるのも間違っています。いいかえれば、ある程度の自発的脱水を許容した範囲での飲水量が適量といえます。具体的数値として、日本体育協会スポーツ医・科学専門委員会は「体重減少が2％を超えない範囲」としています。最近、アメリカスポーツ医学会（ACSM）も同様の見解を出しました。実際、青少年の夏季スポーツ活動時において、自由飲水のできる環境を整えれば、自発的脱水は2％以内におさまることが明らかにされています。

のどの渇きと体温調節機能

　以上のことを考慮して、実際的な水分補給の仕方をイメージしてみます。

　練習や試合が長時間になるほど、適時、水分補給のための休憩時間をとって、こまめに水分補給を心がけます。そのときの摂取量は、のどの渇きに相談すればよいのです。そして、多少の不足はそれほど問題にならない、と考えておけばよいでしょう。また、飲料の内容では、エネルギーを補給するという意味から糖質を含んだものが有効です。さらに、水分の吸収がよく、筋痙攣（きんけいれん）を予防する意味からも塩分を含んだものがすすめられます。味がよい、飲みやすいといった要素も重要です。

　汗をかくことは、ヒトに備わった優れた体温調節機能です。しかし、ヒトを含めあらゆる動物は、さまざまな生理的機能による体温調節と同時に、日陰（ひかげ）で休んだり、水を飲んだりといった行動を起こすことによっても、体温調節を行っています。しかし、われわれ人間の意識は、このような本来備わっている行動性体温調節機能を退化させてきたのかもしれません。のどの渇きに気を配り、適切に水を飲むという、自然に身に着いた調節機能を今一度見直してみる必要もあるでしょう。

体重・体脂肪率と体調の
セルフモニタリング表

●木村典代

Q なぜ、体重・体脂肪率や体調を記録する必要があるのですか？

A 日々の体重や体脂肪率の測定は、スポーツ選手にとっていちばん簡便なセルフコントロール法です。体重・体脂肪率の変化といっしょに練習内容や体調も記録しておくと、試合や練習の長期計画や、食事計画を立てるうえでもたいへん役に立つでしょう。毎月の目標を決めて、自分の記録をつけてみましょう。

発育・発達状態を把握し、エネルギー摂取量を調整する

ジュニア選手のからだは、毎日少しずつ成長しています。自分のからだが、健全な発育・発達曲線に沿って成長をしているかを調べておきましょう（6ページ参照）。この時期に体重が減ってきた場合は、食事からの摂取エネルギー量の不足が原因の一つとして考えられます。また、急激に体重と体脂肪率が増えた場合は、エネルギーの過剰摂取が考えられます。練習で消費したエネルギー量と摂取したエネルギー量のバランスを確認するためには、日々の体重・体脂肪率の測定を欠かすことができないのです。

自分の体調を把握するためにセルフモニタリングする

たくさんの汗をかけば、からだは脱水状態になり、体重が急激に減少します。しかし、通常の状態で数時間のうちに体重が1～2kgも変動することはありません。脱水状態での練習は、熱中症の原因となり危険ですし競技力も低下します。練習の前後にも体重を測定する習慣があれば、日々の脱水予防に役立ちます。

また、合宿や遠征などによる疲労、体調不良で食欲がなくなると体重は低下します。けがをして練習ができないような時期に、いつもどおり食べていれば体重や体脂肪率は増加します。自分のからだは、どういうときに体重や体脂肪率が増えて、どういうときに減るのかをきちんと把握していれば、事前に補食を用意したり、食事の量をコントロールできるようになるのでとても便利です。110ページで紹介する「食事のセルフモニタリング表」といっしょに、記録をする習慣をつけましょう。

体重・体脂肪率と体調のセルフモニタリング表

朝と夕の2回計りましょう

月の目標

	体重 kg 体脂肪 %	体重 kg 体脂肪 %	体重 kg 体脂肪 %	体重 kg 体脂肪 %	体重 kg 体脂肪 %	体重 kg 体脂肪 %	体重 kg 体脂肪 %	今日の体調は？ ○＝ばっちり △＝まぁまぁ ×＝よくない ○を付けましょう	イベントや練習した事や気がついた事を書きましょう
	-3	**-2**	**-1**	**0**	**+1**	**+2**	**+3**		
1日 曜日 朝/夕								○・△・×	
2日 曜日 朝/夕								○・△・×	
3日 曜日 朝/夕								○・△・×	
4日 曜日 朝/夕								○・△・×	
5日 曜日 朝/夕								○・△・×	
6日 曜日 朝/夕								○・△・×	
7日 曜日 朝/夕								○・△・×	
8日 曜日 朝/夕								○・△・×	
9日 曜日 朝/夕								○・△・×	
10日 曜日 朝/夕								○・△・×	
11日 曜日 朝/夕								○・△・×	
12日 曜日 朝/夕								○・△・×	
13日 曜日 朝/夕								○・△・×	
14日 曜日 朝/夕								○・△・×	
15日 曜日 朝/夕								○・△・×	
16日 曜日 朝/夕								○・△・×	
17日 曜日 朝/夕								○・△・×	
18日 曜日 朝/夕								○・△・×	
19日 曜日 朝/夕								○・△・×	
20日 曜日 朝/夕								○・△・×	
21日 曜日 朝/夕								○・△・×	
22日 曜日 朝/夕								○・△・×	
23日 曜日 朝/夕								○・△・×	
24日 曜日 朝/夕								○・△・×	
25日 曜日 朝/夕								○・△・×	
26日 曜日 朝/夕								○・△・×	
27日 曜日 朝/夕								○・△・×	
28日 曜日 朝/夕								○・△・×	
29日 曜日 朝/夕								○・△・×	
30日 曜日 朝/夕								○・△・×	
31日 曜日 朝/夕								○・△・×	

※このページはコピーして使いましょう

自分の食事をチェック・改善して、食事の自己管理能力を高める

ふだんの食生活をチェックしてみましょう

次の10の質問に答えてみてください。もしも、「はい」にチェックが入らない項目があったら、それを改善するための目標を立ててみましょう。毎日のトレーニングと、適度な休養、栄養バランスのととのった食事を、毎日続けることで、スポーツに適したからだが作られていきます。

はい / ときどきできない / いいえ

- □ □ □ ごはんやパンかめん類を、毎食とっている。
- □ □ □ 肉や魚か卵のどれかを、毎食とっている。
- □ □ □ 豆製品（豆腐、納豆など）を、毎日とっている。
- □ □ □ 果物を、毎食とっている。
- □ □ □ 海藻やきのこや芋類を、毎日とっている。
- □ □ □ お菓子（ポテトチップス、チョコレート、クッキーなど）を、食べすぎないようにしている。
- □ □ □ 甘いジュース（コーラ、サイダーなど）を、飲みすぎないようにしている。
- □ □ □ 色の濃い野菜（ほうれん草、ブロッコリー、にんじんなど）を、毎食しっかりとるようにしている。
- □ □ □ 色のうすい野菜（レタス、キャベツ、大根、たまねぎなど）を、毎食しっかりとるようにしている。
- □ □ □ 牛乳・乳製品を、毎食とるようにしている。

Q 食事のセルフモニタリング（食事の記録）をすると何がわかりますか？

A 自分の食事の記録をとると、ふだんの食事で不足しているものや、自分の食事の傾向がわかります。次のページの「食事のセルフモニタリング表」は、1週間の食事目標と毎日の食事を記録できるようになっています。「ジュニア選手の食事基本スタイル」の図（カバー裏参照）をそのまま配置していますので、朝食・昼食・夕食を食べるたびに、主食、主菜、副菜2皿、牛乳・乳製品、果物が全部そろっているか、記入例を参考にして塗りつぶしてみましょう。もし、不足しているものや、多すぎるものがあった場合は、1日の中で調整したり、1週間の中で調整するようにしましょう。

また、食事のセルフモニタリング表の一番上には、「今週の食事の目標」を書き込めるようになっています。1週間たったら、自分の目標がどれくらい達成できたかを、「○：できた、△：まぁまぁできた、×：できなかった」でチェックしてみましょう。もしも、うまくいかなかったときには、なぜできなかったのかを考えて、次の週にがんばってみましょう。

食事のセルフモニタリング表

　　月　　日 ～ 　　月　　日

今週の食事の目標

1週間たって、目標は達成できましたか？
○をつけてみましょう
○＝できた　△＝まぁまぁできた　×＝できなかった

○ ・ △ ・ ×

	朝食	昼食	夕食	今日の反省	練習の有無
記入例 月曜日 3/4	副菜・果物・牛乳乳製品・主菜・主食・副菜	副菜・果物・牛乳乳製品・主菜・主食・副菜	副菜・果物・牛乳乳製品・主菜・主食・副菜	昼食の果物が食べられなかったから、夕食でちょっと多めに食べた。	㊙あり・なし （ 2 時間）
月曜日 /	副菜・果物・牛乳乳製品・主菜・主食・副菜	副菜・果物・牛乳乳製品・主菜・主食・副菜	副菜・果物・牛乳乳製品・主菜・主食・副菜		あり・なし （　時間）
火曜日 /	副菜・果物・牛乳乳製品・主菜・主食・副菜	副菜・果物・牛乳乳製品・主菜・主食・副菜	副菜・果物・牛乳乳製品・主菜・主食・副菜		あり・なし （　時間）
水曜日 /	副菜・果物・牛乳乳製品・主菜・主食・副菜	副菜・果物・牛乳乳製品・主菜・主食・副菜	副菜・果物・牛乳乳製品・主菜・主食・副菜		あり・なし （　時間）
木曜日 /	副菜・果物・牛乳乳製品・主菜・主食・副菜	副菜・果物・牛乳乳製品・主菜・主食・副菜	副菜・果物・牛乳乳製品・主菜・主食・副菜		あり・なし （　時間）
金曜日 /	副菜・果物・牛乳乳製品・主菜・主食・副菜	副菜・果物・牛乳乳製品・主菜・主食・副菜	副菜・果物・牛乳乳製品・主菜・主食・副菜		あり・なし （　時間）
土曜日 /	副菜・果物・牛乳乳製品・主菜・主食・副菜	副菜・果物・牛乳乳製品・主菜・主食・副菜	副菜・果物・牛乳乳製品・主菜・主食・副菜		あり・なし （　時間）
日曜日 /	副菜・果物・牛乳乳製品・主菜・主食・副菜	副菜・果物・牛乳乳製品・主菜・主食・副菜	副菜・果物・牛乳乳製品・主菜・主食・副菜		あり・なし （　時間）

1週間の反省・気がついたこと・改善したいことを書きましょう

※このページはコピーして使いましょう

料理の作り方

- 分量はすべて1人分。
- 材料表の重量は特に記載のない限り、正味重量（皮や種など食べない部分を除いた重量）。
- 小さじ1＝5ml、大さじ1＝15ml、1カップ＝200ml。
- 計量カップ・スプーンで計った調味料等の重量は、119ページの表を参照。
- 本書では、小さじ1＝5gの塩を使用。

24ページ
ジュニア選手の食事 基本スタイル 基本の夕食献立

和風ハンバーグの献立

主食● ごはん

ごはん ……………………… 230g

1人分 356 kcal

主菜● 和風ハンバーグ

牛ひき肉 ………………………… 70g
玉ねぎ …………………………… 20g
パン粉…大さじ2＋牛乳…小さじ2
a ┌ 塩・こしょう・ナツメグ
　│　………………… 各少量
　└ 卵 ……………………… 1/8個
油 ……………………………小さじ1/4
青じそ …………………………… 1枚
大根 ……………………………… 50g
ポン酢（市販品）…… 大さじ1 1/3

1人分 238 kcal

❶玉ねぎはみじん切りにして電子レンジ（600W）で30秒程度加熱し、とり出してさます。
❷パン粉は牛乳でふやかす。
❸ひき肉、①、②、aを粘りが出るまでよく練り混ぜる。
❹③を手のひらの間を行き来させて空気を抜く。小判形に整え、中心をへこませる。
❺フライパンに油を熱し、④の両面を焼いて焼き色をつけ、ふたをして弱火で蒸し焼きにし、火を通す。
❻皿にしそを敷いて⑤を盛り、大根おろしを添え、ポン酢をかける。にんじんグラッセと粉吹き芋を盛り合わせる。

主菜の添え野菜
● にんじんグラッセ

にんじん ………………………… 40g
水 …………………………… 大さじ2 2/3
砂糖……小さじ1/4強　塩……少量
バター（食塩使用）……小さじ1/4

1人分 25 kcal

❶にんじんを2cm厚さ4cm長さの棒状に切り、角を落として面とりをする。
❷すべての材料を合わせてにんじんがやわらかくなり煮汁がなくなるまで煮る。

主菜の添え野菜● 粉吹き芋

じゃが芋 ……………… 1/2個（50g）
塩 ………………………………… 少量
パセリ（みじん切り）…小さじ1/3

1人分 38kcal

じゃが芋は大きめの一口大に切ってゆでる。湯を捨て、なべをゆすりながら火にかけ、余分な水けをとばして粉吹き芋にする。塩とパセリをまぶす。

副菜
● 切り干し大根の煮物

切り干し大根（乾）………… 8g
油揚げ ………………………… 1/4枚
にんじん ………………………… 15g
油 ………………………… 小さじ1/2
a ┌ だし …………………… 2/3カップ
　│ しょうゆ ………… 小さじ1強
　└ 砂糖 ……………… 小さじ1

1人分 96 kcal

❶切り干し大根は水でもどし、食べやすく切る。
❷油揚げは1cm幅に切る。にんじんは4cm長さの細切りにする。
❸なべに油を熱し、にんじん、切り干し大根の順にいため、油揚げとaを加えてふたをして中火でときどき混ぜながら煮る。

副菜
● ほうれん草のツナあえ

ほうれん草 ……………………… 50g
ツナの水煮缶詰め ……………… 20g
しょうゆ ………………… 小さじ1/3

1人分 31 kcal

❶ほうれん草は沸騰湯でゆで、水にとってさまし、4cm長さに切って水けを絞る。
❷汁けをきったツナとともにしょうゆであえる。

汁物● 野菜たっぷり汁

大根・にんじん ……… 各20g
ねぎ ……………………………… 10g
ごぼう …………………………… 15g
油揚げ ………………………… 1/8枚
だし …………………… 1カップ弱
みそ ……………………… 小さじ2

1人分 66 kcal

❶大根はいちょう切り、にんじん半月切り、ねぎは1cm幅の輪切りにする。ごぼうは皮をこそげ、ささがきにする。
❷油揚げは1cm幅に切る。
❸だしで①②をやわらかくなるまで煮、みそをとき入れる。

牛乳・乳製品

牛乳 …………………………… 200g

1人分 134kcal

果物

キウイフルーツ … 1/2個（50g）
オレンジ ……………… 1/4個（40g）

1人分 40 kcal

25ページ
ジュニア選手の食事 基本スタイル 基本の朝食献立

卵焼きの献立

主食● ごはん

ごはん ……………………… 220g

1人分 338 kcal

主菜● 卵焼き

a ┌ 卵……1個　だし…大さじ1
　└ 塩……少量　砂糖…小さじ1/2
油 ………………………… 小さじ1/2
青じそ …………………………… 1枚
b ┌ おろし大根 …………… 30g
　└ しょうゆ ………… 小さじ1/3

1人分 113 kcal

❶aを混ぜる。フライパンに油を熱し、aを数回に分けて流し入れ、巻きながら焼く。
❷食べやすく切って器に盛り、bを添える。

副菜● 納豆

納豆 ……………………………… 50g
しょうゆ ………………… 小さじ1/2
あさつき（小口切り）…… 少量

1人分 102 kcal

納豆は粘りが出るまで練り、しょうゆをかけ、あさつきを散らす。

副菜
● かぶときゅうりの漬物

かぶ …………………… 1/3個（40g）
きゅうり ……………… 1/3本（30g）
塩 ………………………………… 少量

1人分 13 kcal

❶かぶはいちょう切り、きゅうりは小口切りにする。
❷ビニール袋にすべての材料を入れてもむ。

副菜● アスパラのお浸し

グリーンアスパラガス
　……………………… 2本（50g）
しょうゆ ………………… 小さじ1弱
削りガツオ ……………………… 少量

1人分 15 kcal

アスパラは5cmの長さに切ってゆで、しょうゆをかけて削りガツオをのせる。

副菜● 味つけのり

味つけのり …… 12枚切り4枚

1人分 2 kcal

汁物● キャベツとわかめのみそ汁

キャベツ ………………………… 40g
油揚げ ………………………… 1/8枚
カットわかめ・乾（もどす）1g
だし …………………… 1カップ弱
みそ ……………………… 小さじ2

1人分 56 kcal

❶キャベツは1.5cm幅に切る。油揚げは短冊切りにする。
❷だしで①をやわらかくなるまで煮たらみそをとき入れ、わかめを加えてわんに盛る。

牛乳・乳製品● ブルーベリーはちみつヨーグルト

プレーンヨーグルト …… 120g
はちみつ ………………… 大さじ1/2弱
ブルーベリー …………………… 10g

1人分 122 kcal

ヨーグルトにブルーベリーをのせ、はちみつをかける。

果物
バナナ……………… ½本 (50g)
1人分 43 kcal

25ページ
ジュニア選手の食事 基本スタイル
基本の昼食献立（給食）

サワラのカレームニエルの献立

主食● **食パン（ジャムつき）**
食パン 6 枚切り…2 枚 (120g)
いちごジャム………… 大さじ1弱
1人分 356 kcal

主菜● **サワラのカレームニエル ゆでいんげんとコーンソテー添え**
サワラ……………1 切れ (70g)
塩……………………… 小さじ⅕
こしょう………………… 少量
小麦粉……………… 小さじ2弱
カレー粉…………… 小さじ1
バター（食塩使用）… 大さじ¼
┌ コーン（缶詰め）……… 30g
│ 油…………………… 小さじ¼
└ 塩・こしょう………… 各少量
┌ さやいんげん（ゆでる）… 2本
└ 塩・こしょう………… 各少量
レモン（薄切り）………… 1枚
1人分 217 kcal

❶サワラは塩とこしょうをし、小麦粉とカレー粉を合わせてサワラにまぶす。
❷フライパンにバターを中火で熱し、サワラを焼いて火を通す。
❸フライパンをさっとふき、火にかけて油をひき、コーンをいため、塩とこしょうをふる。
❹いんげんは 5㎝長さに切り、塩とこしょうをふる。
❺皿に②③④を盛り合わせる。

汁物● **ミネストローネ**
にんじん・玉ねぎ・キャベツ
………………………… 各10g
じゃが芋…………………… 30g
ロースハム…………… ½枚 (10g)
にんにく………………… ⅓かけ
オリーブ油………… 小さじ¼
トマト水煮缶詰め………… 50g
水……………………… ¾カップ
固形ブイヨン……… ½個 (3g)
塩・こしょう………… 各少量
1人分 81 kcal

❶野菜とじゃが芋はすべて 1㎝角、ロースハムは 1㎝幅、にんにくは半分に切って芽を除く。
❷なべにオリーブ油とにんにくを入れ、弱火でいためて軽く色がついたらロースハム、にんじん、玉ねぎ、塩、キャベツの順に加えていためる。
❸野菜がしんなりとなったらトマトの水煮と水を加え、沸騰したらブイヨンを加える。アクをすくいながら 10 分程度煮込む。
❹じゃが芋を加え、10 分程度煮込み、塩とこしょうをふる。

牛乳・乳製品
牛乳………………………… 200g
1人分 134 kcal

29ページ
複合パターン料理

主菜＋副菜● **酢豚**
豚肩肉（一口大に切る）…50g
┌ しょうゆ………… 小さじ½
a │ 砂糖……………… 小さじ⅙
└ おろししょうが……… 少量
かたくり粉………… 大さじ½弱
揚げ油
玉ねぎ……………………… 40g
ピーマン…………………… 15g
にんじん・ゆで竹の子…各25g
干ししいたけ（もどす）… 1個
パイナップル（缶詰め）… ½枚
油…………………… 小さじ1
┌ 水…………………… 大さじ1⅔
│ 中国風だしのもと…小さじ⅓
b │ 酒…………………… 小さじ1弱
│ 酢…………………… 大さじ½弱
│ 砂糖……………… 大さじ½強
└ しょうゆ…………… 大さじ½
c ┌ かたくり粉………… 小さじ½
└ 水………………… 小さじ1
1人分 279 kcal

❶豚肉は a で下味をつけ、汁けをふいてかたくり粉をまぶし、180℃の揚げ油で揚げる。
❷玉ねぎは角切り、ピーマンとにんじんは乱切り、竹の子としいたけは薄切りにする。
❸にんじんは 電子レンジ（600W）で3分加熱する。
❹②③を油でいため、bを加えて煮立ったらcを加えてとろみをつける。

❺一口大に切ったパイナップルと①を加えて混ぜる。

主菜＋副菜● **肉じゃが**
牛肩肉・玉ねぎ・しらたき
………………………… 各 50g
じゃが芋 80g　にんじん 30g
油…………………… 小さじ1
┌ 砂糖……………… 大さじ½強
a │ しょうゆ………… 大さじ1強
└ みりん大さじ1　酒…大さじ½
グリーンピース（缶詰め）…5g
1人分 328 kcal

❶牛肉としらたきは 5㎝幅に切る。玉ねぎは繊維に沿って 1㎝幅に切る。じゃが芋は 4 等分に切り、にんじんは乱切りにする。
❷なべに油を熱し、牛肉をいため、しらたきとじゃが芋とにんじんを加えていため、かぶるくらいの水と a を加えて約 10 分煮る。
❸玉ねぎを加えてさらに 5 分煮、グリーンピースを加える。

主食＋主菜＋副菜
● **カレーライス**
ポトフ（作り方116ページ）…1人分*
牛肩肉……………………… 50g
油…………………… 小さじ¼
カレールー……… 1 人分 (22g)
ごはん 250g　福神漬け 10g
1人分 618 kcal

*ソーセージとキャベツとブロッコリーを除く。

❶牛肉は 5㎝長さに切り、油でいため、ポトフに加えて火にかけ、ルーを加えて煮とかし、味がなじむまで煮る。
❷皿にごはんとカレーを盛り、福神漬けを添える。

主菜＋副菜＋牛乳・乳製品
● **クリームシチュー**
ポトフ（作り方116ページ）…1人分*
鶏胸肉（一口大）………… 80g
塩・こしょう………… 各少量
油…………………… 小さじ½
ブロッコリー……………… 20g
シチュールー…… 1 人分 (32g)
1人分 370 kcal

*ソーセージとキャベツを除く。

❶ブロッコリーはゆでる。
❷鶏肉は塩とこしょうをし、油でソテーしてポトフに加え、ルーを加えて煮とかし、味がなじむまで煮る。器に盛り、ブロッコリーを飾る。

31ページ
持久力系スポーツの食事

麻婆豆腐の夕食献立

主食● **ごはん**
ごはん…………………… 220g
1人分 338 kcal

主菜● **麻婆豆腐**
もめん豆腐…… ⅓丁 (100g)
豚ひき肉…………………… 20g
┌ ねぎ（みじん切り）……5g
a │ にんにく・しょうが（各み
└ じん切り）……… 各少量
油…………………… 小さじ¾
豆板醤…………………… 少量
┌ みそ……………… 小さじ⅔
│ 酒………………… 小さじ1強
b │ しょうゆ・砂糖…各小さじ1
│ 中国風だしのもと小さじ1弱
└ 水………………… 大さじ1⅓
かたくり粉小さじ⅔＋水小さじ2
ごま油…………… 小さじ½弱
白髪ねぎ…………………… 10g
1人分 201 kcal

❶bの材料を混ぜ合わせる。
❷豆腐はさいの目に切り、湯通しし、湯をよく切る。
❸中華なべを熱して油を入れ、aを弱火でいため、香りが出たら豆板醤を加えていためる。
❹豚肉を加えていため、肉の色が変わったらbと②を加え、豆腐をくずさないように混ぜながら 1 分程度中火で煮る。
❺豆腐をなべの片側によせ、調味液に水どきかたくり粉を加えて混ぜ、とろみをつける。
❻仕上げにごま油を垂らし、器に盛って白髪ねぎを飾る。

副菜● **生春巻き**
ライスペーパー…1枚 (7.5g)
スモークサーモンの薄切り
（適当に切る）…1 枚 (20g)
アボカド（薄切り）……… 10g
はるさめ（乾）…………… 3g
サニーレタス（ちぎる）… ½枚
むきエビ（ゆでる）……… 15g
糸三つ葉（ゆでる）……… 1本
┌ しょうゆ………… 小さじ⅔
たれ │ 砂糖……………… 小さじ⅓
│ 酢………………… 大さじ½弱
└ ラー油………………… 数滴
1人分 114 kcal

❶はるさめはお湯でもどし、適当な長さに切る。

113

❷ライスペーパーは霧吹きで湿らせ、エビとサーモンが外から見えるように具を並べて巻く。適当に切って盛り、たれを置く。

副菜●三色ナムル

ほうれん草……………40g
a ┌ にんにく・こしょう・ごま油……………各少量
  │ しょうゆ…………小さじ1/3
  └ 白いりごま………小さじ1/2
もやし…………………40g
b ┌ 塩・こしょう・ごま油………………各少量
  └ 白すりごま………小さじ1/2
にんじん………………40g
c ┌ 塩・ごま油・砂糖…各少量
  └ 酢………………大さじ1/2強

1人分 66 kcal

❶ほうれん草はゆでて5cm長さに切り、aであえる。
❷もやしは根を除いて半分に切り、ゆでてbであえる。
❸にんじんは5cm長さのせん切りにし、ゆでてcであえる。
❹①②③を皿に盛り合わせる。

汁物●アサリ中華スープ

アサリ（殻つき）………75g
卵………………………1/6個
a ┌ しょうが（みじん切り）少量
  └ ねぎ（斜め薄切り）……5g
油………………………小さじ1/2
酒………………………大さじ1 2/3
熱湯……………………1カップ弱
中国風だしのもと……小さじ1弱
塩………………………小さじ1/6

1人分 71 kcal

❶油でaをいため、香りが出たらアサリを加えてさっといためる。酒を加えて沸騰したら熱湯とだしのもとを加えて煮る。
❷アクをとり除き、アサリの殻が開いたら塩で味をととのえる。とき卵を少量ずつ流し入れ、軽く混ぜて器に盛る。

牛乳・乳製品
牛乳……………………200g
1人分 134 kcal

果物
グレープフルーツ……1/2個
1人分 38 kcal

33ページ 瞬発力系スポーツの食事

シーフードフライの夕食献立

主食●ごはん
ごはん…………………220g
1人分 338 kcal

主菜●シーフードフライ

アジ（腹開き）……1尾（50g）
エビ………………2尾（50g）
イカの胴………………25g
塩・こしょう…………各少量
小麦粉……………大さじ1強
卵………………………1/6個
パン粉……………大さじ5
揚げ油
キャベツ（せん切り）……40g
トマト（くし形切り）……50g
レモンの薄切り………1枚
中濃ソース………小さじ2弱

1人分 374 kcal

❶エビは背わたを除き、尾側の1節を残して殻をむく。腹側に数か所切り込みを入れる。
❷イカは表側に細かい斜め格子の切り目を入れる。
❸アジ、エビ、イカは塩とこしょうをふり、小麦粉、卵、パン粉の順にまぶし、170℃の油で揚げ、皿に盛る。
❹キャベツとトマトとレモンを盛り合わせ、ソースをかける。

副菜●筑前煮

鶏もも肉（皮なし）………10g
a ┌ にんじん・ごぼう・れんこん・ゆで竹の子
  │ （各乱切り）……各15g
生しいたけ……………1枚
こんにゃく（乱切り）……10g
さやえんどう（ゆでる）……3枚
油………………………小さじ1/2
だし……………………1/4カップ
b ┌ 砂糖…………小さじ1強
  │ 酒……………小さじ2/3
  └ しょうゆ……小さじ2/3

1人分 103 kcal

❶鶏肉としいたけは一口大に切る。ごぼうとれんこんは切ったはしから酢水に浸す。さやえんどうは斜め半分に切る。
❷なべに油を熱し、鶏肉をいため、火が通ったらさやえんどう以外の具を入れていためる。全体に油がまわったらだしを加え

て落としぶたをし、10分煮る。
❸bを加え、野菜がやわらかくなるまで煮、最後にさやえんどうを加えてひと煮する。

副菜●きゅうりとわかめの酢の物

きゅうり…………1/2本弱（40g）
塩………………………少量
乾燥わかめ（もどす）………1g
合わせ酢 ┌ 酢………大さじ1/2強
        │ しょうゆ…小さじ1/2
        │ 砂糖……小さじ2/3
        └ 塩………………少量
針しょうが……………少量

1人分 19 kcal

❶きゅうりは輪切りにして塩もみし、水けをかたく絞る。
❷わかめは2～3cmに切る。
❸合わせ酢の材料を合わせて①②をあえ、器に盛って針しょうがを天盛りにする。

汁物●にんじんとほうれん草と花ふのみそ汁

にんじん………………10g
ほうれん草……………30g
花麩……………………2個
ねぎ（刻む）……………少量
だし……………………1カップ弱
みそ……………………小さじ2

1人分 43 kcal

❶ほうれん草はゆでて3cm長さに切る。にんじんは3cm長さの細切りにする。
❷だしでにんじんを煮、火が通ったらほうれん草を加え、みそをとき入れ、ねぎを加えて火を消す。花麩を入れたわんに盛る。

牛乳・乳製品
牛乳……………………200g
1人分 134 kcal

果物
りんご……………1/3個（80g）
1人分 43 kcal

35ページ 混合系（球技系）スポーツの食事

豚肉のピカタの夕食献立

主食●ごはん
ごはん…………………220g
1人分 338 kcal

主菜●豚肉のピカタ カラフルピーマン添え

豚ロース肉……………75g
塩………………………小さじ1/6
こしょう………………少量
小麦粉……………小さじ1
a ┌ 卵…………1個（50g）
  │ 水…………小さじ2
  │ 小麦粉……大さじ1 1/3
  └ 粉チーズ…大さじ1 1/2
油………………………小さじ3/4
ピーマン…………1/2個（15g）
赤・黄ピーマン………各20g
油………………………小さじ1/4
塩・こしょう…………各少量

1人分 422 kcal

❶豚肉に塩、こしょうで下味をつけ、小麦粉を薄くまぶす。
❷aを混ぜて①にからめ、油で両面を焼いて火を通す。
❸ピーマンは乱切りにし、油でいため、塩とこしょうをふる。
❹②③を皿に盛り合わせる。

副菜●じゃこサラダ

レタス…………………25g
トマト…………………30g
玉ねぎ・ちりめんじゃこ各5g
白いりごま……………小さじ1/3
和風ドレッシング……小さじ2

1人分 35 kcal

❶レタスとトマトは一口大に切り、玉ねぎは薄切りにし、水にさらす。これらをドレッシングで合え、器に盛る。
❷じゃこをカリカリにからいりし、ごまとともに①にふる。

副菜●さつま芋とりんごの重ね煮

さつま芋………………50g
りんご…………………30g
干しぶどう……………3g
a ┌ バター（食塩不使用）小さじ1/2
  │ 砂糖………小さじ1強
  └ 水…………大さじ2

1人分 122 kcal

❶さつま芋は6mm厚さの半月切りにし、水にさらす。りんごは6mm厚さに切る。
❷①とaを合わせて煮立て、弱火にしてふたをして15分煮、干しぶどうを加えて煮る。

汁物●ジュリアンヌスープ

キャベツ・玉ねぎ・にんじん
…………………各10g
さやえんどう…………3枚

- a
  - 固形ブイヨン…⅓個（2g）
  - 水……………………1カップ
  - 塩………………小さじ⅓弱
  - こしょう……………少量

1人分 16 kcal

野菜はすべてせん切りにする。さやえんどう以外の野菜をなべに入れ、弱火で加熱し、aを加えて煮立ったらさやえんどうを加えてひと煮し、器に盛る。

牛乳・乳製品● **杏仁豆腐**

牛乳……………………100g
砂糖……………………小さじ2
ゼラチン…1.5g＋水…小さじ1
アーモンドエッセンス……数滴

1人分 91 kcal

❶ゼラチンを水でふやかす。
❷牛乳と砂糖を弱火にかけて沸騰させないように煮とかし、①を加えてとけたら火を消し、エッセンスを垂らす。器に流し入れ、冷蔵庫で冷やしかためる。

果物

キウイフルーツ1個（100g）

1人分 53 kcal

37ページ

スポーツ障害予防の食事

鶏ささ身明太ロール巻きの夕食献立

主食● **ごはん**

ごはん……………………220g

1人分 338 kcal

主菜● **鶏ささ身明太ロール巻き**

鶏ささ身…………3本（80g）
酒……………………小さじ⅗
明太子（ほぐす）…½腹（20g）
青じそ……………………3枚
えのきたけ・しめじ類・まいたけ……………………各10g
玉ねぎ……………………20g
にんにく……………………少量
油・バター（食塩使用）……………………各小さじ1弱

- a
  - しょうゆ………小さじ1強
  - パセリ（刻む）………少量

1人分 184 kcal

❶ささ身は厚さ⅓ごとに互い違いに切り目を入れて1枚に開く。筋を除き、たたいて平らにのばし、酒をふる。
❷①にしそ、明太子の順にのせ、細いほうから巻いてラップに包んで形を整える。
❸耐熱皿に並べ、電子レンジ（600W）で約1分30秒加熱する。食べやすく切り器に盛る。
❹きのこ類は適当な大きさに切る。玉ねぎは薄切りにする。
❺にんにくは薄切りにし、油で香りが立つまで弱火でいため、④を加えてしんなりとなったらバターとaを加えて混ぜ、③の皿に盛り合わせる。

副菜● **豆腐サラダ**

絹ごし豆腐………¼丁（75g）
トマト……………………50g
きゅうり……………………⅕本
レタス……………………30g
貝割れ菜……………………少量
和風ドレッシング………大さじ1

1人分 70 kcal

❶豆腐、トマト、きゅうりは角切り、レタスは細く切る。
❷材料をすべて器に盛り合わせ、ドレッシングをかける。

汁物● **青梗菜とハムのスープ**

青梗菜……………½株（40g）
大根……………………20g
コーン（缶詰め）……………5g
ボンレスハム……1枚（15g）

- a
  - 水……………………¾カップ
  - 塩……………………小さじ⅙
  - 鶏がらだしのもと…小さじ1

こしょう・ごま油………各少量

1人分 34 kcal

❶青梗菜は1～2cm幅に切る。大根は短冊切り、ハムは半分に切ってさらに1cm幅に切る。
❷aで青梗菜と大根を煮て、塩とこしょうをし、ハムとコーンを加え、ごま油を垂らす。

牛乳・乳製品＋果物● **フルーツのカテージチーズあえ**

カテージチーズ……………40g
みかん（缶詰め）・パイナップル（缶詰め）・キウイフルーツ……………………各15g
干しぶどう……………………3g
はちみつ…………小さじ1½弱

1人分 111 kcal

フルーツは食べやすく一口大に切り、干しぶどうとともにカテージチーズとあえて器に盛り、はちみつをかける。

38ページ

朝食について

パンが主食のハムエッグの朝食献立

主食● **ライ麦食パンジャム添え**

ライ麦パン………2枚（120g）
マーマレード…………大さじ1弱
いちごジャム…………大さじ1弱

1人分 419 kcal

パンはトーストし、ジャムを添える。

主食● **ハムエッグ**

卵……………………1個
ロースハム………2枚（40g）
バター（食塩使用）……小さじ½
塩・こしょう……………各少量
レタス……………………2枚

1人分 171 kcal

❶フライパンにバターを入れて火にかけてとかし、ハムを入れて卵を割り入れる。
❷塩とこしょうをふり、好みの焼き具合に焼く。皿にレタスを敷き、ハムエッグを盛る。

副菜● **ビーンズサラダ**

ゆでいんげん豆（缶詰め）…25g
ゆでべにばないんげん豆（缶詰め）……………………15g
きゅうり（角切り）⅕本（20g）
ミニトマト（4つ割り）…2個
サラダ菜……………………2枚
マヨネーズ…………大さじ1⅓弱

1人分 164 kcal

❶豆ときゅうりとミニトマトを合わせる。
❷器にサラダ菜を敷き、①を盛ってマヨネーズをかける。

汁物● **コーンスープ**

コーン・クリームタイプ（缶詰め）……………………60g
牛乳……………………140g
固形ブイヨン………⅙個（1g）
塩・こしょう・パセリ（みじん切り）……………………各少量

1人分 147 kcal

❶なべにパセリ以外の材料を入れて弱火にかける。沸騰する直前に火を消し、器に盛る。
❷パセリを散らす。

牛乳・乳製品

加糖ヨーグルト…………120g

1人分 80 kcal

果物

ネーブルオレンジ…½個（60g）

1人分 28 kcal

40ページ

栄養バランスのとり方

インスタントラーメンの例

主食● **インスタントラーメン**

インスタントラーメン……………………1袋分（90g）
インスタントスープ………8g

1人分 430 kcal

ラーメンは包装袋の作り方どおりに作り、器に盛る。

主食＋主菜＋副菜

● **インスタントラーメン**

インスタントラーメン……………………1袋分（90g）
インスタントスープ………8g
卵……………………1個
コーン（缶詰め）…………20g
カットわかめ……………1g

1人分 523 kcal

❶ラーメンは包装袋の作り方どおりに作り、器に盛る。
❷コーンともどしたわかめをのせ、卵を割り入れる。

副菜● **サラダ**

レタス……………………20g
ミニトマト……………………30g
フレンチドレッシング大さじ½強

1人分 44 kcal

レタスとトマトは食べやすい大きさに切って器に盛り、ドレッシングをかける。

牛乳・乳製品

加糖ヨーグルト……………80g

1人分 54 kcal

果物

バナナ……………………1本

1人分 86 kcal

42ページ

トレーニング前後の補食を手作りする 練習前の補食

● **トマトの冷製パスタ**

トマト…………⅔個（100g）
しめじ類・えのきたけ…各20g

- 生しいたけ…………1個(10g)
- ロースハム…………½枚(10g)
- 青じそ（せん切り）………1枚
- a
  - オリーブ油…………大さじ½
  - 塩…………小さじ⅗
  - こしょう…………少量
- スパゲティ（乾）…………70g

1人分 379 kcal

❶トマトは角切り、ロースハムは細く切る。きのこ類は食べやすく切ってさっとゆでる。
❷スパゲティをゆで、①とaをからめ、青じそを散らす。

●ふかし芋

- さつま芋…………100g
- 塩…………小さじ⅕

1人分 131 kcal

さつま芋を蒸し、塩を添える。

●中華丼

- a
  - 豚肩肉…………20g
  - 酒…………小さじ¼
  - おろししょうが・塩各少量
- にんじん・ゆで竹の子…各10g
- ねぎ…………5g
- さやえんどう…………2枚
- 干ししいたけ（もどす）…1個
- しょうが・にんにく（各みじん切り）…………各少量
- 油…………小さじ⅓弱
- b
  - 中国風だしのもと…小さじ⅔
  - 酒…………小さじ1
  - 塩…………少量
  - しょうゆ…………小さじ½弱
- c
  - かたくり粉…………小さじ½
  - 水…………小さじ1
- ごま油…………少量
- ごはん…………90g

1人分 242 kcal

❶aを合わせ混ぜる。野菜と干ししいたけは食べやすく切る。
❷しょうがとにんにくを油でひといためし、①を加えていためる。火が通ったらbを加えてひと煮立ちさせ、cを加えてとろみをつけ、ごま油を垂らす。ごはんにかける。

●ポトフ

- ウインナソーセージ…………3本
- じゃが芋60g　キャベツ50g
- にんじん・玉ねぎ…………各30g
- ブロッコリー(ゆでる)……30g
- a
  - 固形ブイヨン…⅓個（2g）
  - 水…1カップ　こしょう…少量

1人分 221 kcal

❶じゃが芋と野菜は大きめの一口大に切る。
❷ブロッコリー以外の材料をaで煮、野菜に火が通ったらブロッコリーを加えてひと煮し、器に盛る。

43ページ

とりにくい栄養素を補食でカバーする 不足しがちな栄養素を補う補食

●ホットサンド

- 食パン14枚切り（耳なし）4枚
- a
  - レタス…………5g
  - ゆで卵…………⅓個
  - マヨネーズ…………小さじ1強
- b
  - プロセスチーズ・きゅうり…………各10g
  - トマト…………20g
- c
  - バター（食塩使用）小さじ1
  - 練りがらし…………少量

1人分 312 kcal

❶cを混ぜて食パンの片面に塗り、a bをそれぞれはさむ。
❷ホットサンドメーカーで焼き、食べやすく切って盛る。

●お好み焼き

- 豚肩肉…………30g
- キャベツ…………40g
- 青ねぎ…………5g
- 長芋…………20g
- a
  - 小麦粉…………30g
  - 卵…………1個
  - 水…………⅕カップ
- 油…………小さじ1弱
- 濃厚ソース…………大さじ1弱
- b
  - 紅しょうが…………3g
  - 青のり・削りガツオ…適量

1人分 330 kcal

❶キャベツはせん切り、ねぎは小口切り、長芋はおろす。
❷①とaを混ぜ合わせ、油を熱したフライパンに広げ、豚肉を上に広げのせ、両面を焼く。
❸器に盛り、ソースを塗ってbを好みでかける。

●タコライス

- 牛ひき肉・トマト……各40g
- レタス・玉ねぎ…………各20g
- チリソース…………大さじ¾
- ピザ用チーズ…………15g
- 油…………小さじ⅓強
- 塩・こしょう…………各少量
- ごはん…………90g

1人分 256 kcal

❶牛ひき肉とチリソース½量を混ぜ合わせ、油でいためる。
❷トマトは角切り、レタスはせん切り、玉ねぎは薄く切る。
❸器にごはん、②①の順に盛り、塩、こしょうをし、チーズをのせて残りのチリソースをかける。

●バナナオレ

- バナナ…………½本強(60g)
- 牛乳…………100g
- レモン汁…………小さじ⅖
- はちみつ…………小さじ½弱

1人分 128 kcal

すべての材料をミキサーにかけ、グラスに注ぐ。

54ページ

アレンジ方法を習得する ポトフのアレンジ

主菜●コロッケ

- ポトフ(作り方116ページ)…1人分※
- 小麦粉…………小さじ2
- 卵…………⅕個
- パン粉…………大さじ2
- 揚げ油
- キャベツ（せん切り）……25g
- パセリ…………適量
- a
  - トマトケチャップ…小さじ2
  - ウスターソース…大さじ½弱

1人分 180 kcal

※キャベツ、ブロッコリー、スープを除く。

❶ポトフのじゃが芋はつぶす。にんじんと玉ねぎはあらいみじん切りにし、ソーセージは輪切りにする。すべてを混ぜて2等分し、小判形にまとめる。
❷小麦粉、卵、パン粉の順につけ、170℃の揚げ油で揚げる。
❸キャベツ、パセリ、コロッケを盛り、aを混ぜて添える。

55ページ

レパートリーを増やす ゆでほうれん草のアレンジ

基本 ●ゆでほうれん草の作り方

ほうれん草はたっぷりの沸騰湯でゆで、冷水にとってさまし、水けを絞って4㎝長さに切る。保存容器に入れて冷蔵庫で保存。

副菜●オムレツ

- ゆでほうれん草…………30g
- a
  - 卵…………1½個
  - 牛乳…………大さじ1
  - 塩・こしょう…………各少量
- バター(食塩使用)……小さじ1強
- パセリ…………少量

1人分 167 kcal

❶aを合わせてよく混ぜる。
❷フライパンにバターを熱し、①を流し入れ、ゆでほうれん草をのせてオムレツを作る。
❸器に盛り、パセリを添える。

副菜●ごまあえ

- ゆでほうれん草…………50g
- あえ衣
  - 砂糖…………小さじ⅓
  - だし…………小さじ1
  - しょうゆ…………小さじ⅔
  - いり白ごま…………小さじ2½

1人分 62 kcal

あえ衣の材料を混ぜ合わせ、ゆでほうれん草をあえる。

副菜●バターソテー

- ゆでほうれん草…………30g
- ロースハム（短冊切り）…⅓枚
- バター（食塩使用）……小さじ½
- 塩・こしょう…………各少量

1人分 35 kcal

バターでゆでほうれん草とロースハムをいため、塩とこしょうで味をととのえる。

副菜●からしマヨネーズあえ

- ゆでほうれん草…………40g
- a
  - マヨネーズ…………小さじ1強
  - 練りがらし・塩……各少量
  - プレーンヨーグルト小さじ⅗

1人分 43 kcal

aを混ぜ合わせてゆでほうれん草をあえる。

副菜●ナムル

- ゆでほうれん草…………40g
- にんじん（せん切り）……10g
- a
  - うす口しょうゆ……小さじ⅙
  - いり白ごま…………小さじ½
  - おろしにんにく・ごま油・こしょう…………各少量

1人分 27 kcal

❶にんじんはゆでる（または、電子レンジ[600W]で30秒加熱）。
❷aを混ぜ合わせてゆでほうれん草と①をあえる。

| 副菜 ● お浸し

ゆでほうれん草……………80g
うす口しょうゆ………小さじ1弱
だし………………………大さじ½
削りガツオ………………少量
1人分 21 kcal

ゆでほうれん草にしょうゆとだしをかけてあえ、削りガツオをのせる。

56ページ レパートリーを増やす 豚肉のソテーのアレンジ

基本
● 豚肉のソテー

豚ロース肉………………120g
塩………………………小さじ⅓弱
こしょう…………………少量
油・バター（食塩使用）
………………………各小さじ1弱
サニーレタス……………2枚
プチトマト………………2個
レモンのくし形切り……1切れ
1人分 380 kcal

❶豚肉は筋を包丁で数か所切る。両面に塩とこしょうをふり、油とバターを熱したフライパンでソテーし、火を通す。
❷器に盛り、野菜とレモンを添える。

主菜 ● 春巻き

豚肉のソテー……………½人分
ゆで竹の子………………40g
にんじん…………………30g
生しいたけ………………2個
かたくり粉＋水…………各適量
油………………………小さじ½
オイスターソース………小さじ1
春巻きの皮………………3枚
揚げ油
a ┌しょうゆ・酢……各小さじ½
  └練りがらし……………適量
1人分 378 kcal

❶豚肉のソテー、竹の子、にんじん、しいたけは細切りにし、豚肉以外を油でいため、火が通ったら豚肉を加えてオイスターソースで調味する。
❷春巻きの皮に等分して包み、端を水どきかたくり粉で留め、180℃の油で揚げる。器に盛ってaと野菜とレモンを添える。

主菜 ● カレーソテー

豚肉のソテー……………1人分
カレー粉・小麦粉……各小さじ½
油………………………小さじ½
クレソン…………………2本
ミニトマト………………2個
レモンのくし形切り……1切れ
1人分 407 kcal

カレー粉と小麦粉を混ぜて豚肉のソテーにまぶし、油で香ばしくなるまでソテーする。器に盛り、野菜とレモンを添える。

主菜 ● みそマヨネーズ焼き

豚肉のソテー……………1人分
マヨネーズ………………大さじ1弱
みそ………………………小さじ½
サラダ菜…………………2枚
ミニトマト………………2個
レモンのくし形切り……1切れ
1人分 472 kcal

❶みそとマヨネーズを混ぜ、豚肉のソテーの上面に塗る。
❷アルミ箔にのせ、オーブントースターで焼く。器に盛って野菜とレモンを添える。

主菜 ● チーズ焼き

豚肉のソテー……………1人分
玉ねぎ（薄切り）………20g
赤ピーマン・ピーマン…各10g
トマトケチャップ………大さじ½
とろけるチーズ…………20g
サラダ菜…………………2枚
ミニトマト………………2個
レモンのくし形切り……1切れ
1人分 512 kcal

❶ピーマンは薄切りにする。
❷豚肉のソテーにケチャップ、玉ねぎ、チーズ、ピーマンを順にのせ、アルミ箔にのせてオーブントースターで焼く。
❸皿に盛り、野菜等を添える。

主菜 ● オレンジ煮

豚肉のソテー……………1人分
玉ねぎ（薄切り）………30g
バター……………………小さじ¼
オレンジジュース………½カップ
レーズン…………………大さじ1
1人分 441 kcal

❶豚肉はそぎ切りにする。
❷バターで玉ねぎをいため、残りの材料を加えて軽く煮る。

57ページ レパートリーを増やす ごはんのアレンジ

主食 ● ひじきごはん

ごはん……………………185g
ひじき（乾）……………3g
油揚げ……………………2g
にんじん…………………5g
油…………………………1g
┌だし……………………大さじ2⅓
│砂糖……………………小さじ⅓
└しょうゆ………………小さじ½強
1人分 317 kcal

❶ひじきは水もどしし、水けをきる。油揚げは5mm幅、にんじんはせん切りにする。なべに油を熱し、ひじきとにんじんをいためる。調味料と油揚げを加えて水けがなくなるまで煮る。
❷ごはんにひじきの煮物を加えて混ぜる。

主食 ● 焼き豚チャーハン

ごはん……………………210g
焼き豚……………………30g
ピーマン・赤ピーマン…各10g
ねぎ（みじん切り）……15g
卵…………………………½個強
油…………………………大さじ1弱
塩…………………………小さじ⅙
しょうゆ…………………小さじ1
1人分 520 kcal

❶焼き豚、ピーマン、赤ピーマンは角切りにする。
❷フライパンに油半量を熱して卵を半熟状態にいため、とり出す。フライパンに残りの油を加えて①とねぎをいためる。
❸ごはんを加えていため混ぜ、卵を戻し入れて塩としょうゆで調味し、軽く混ぜ合わせる。

主食 ● お焼き

  ┌ごはん…………………140g
  │ゆで枝豆（さやからだしたもの）……20g
a │サクラエビ……………4g
  │かたくり粉……………小さじ2
  └塩………………………少量
バター（食塩使用）……小さじ1
サニーレタス……………2枚
1人分 305 kcal

aを混ぜ合わせ、3等分して好みの形にまとめる。フライパンにバターを熱し、両面に焼き目がつくまで焼く。レタスとともに皿に盛る。

主食 ● 焼き肉バーガー

a ┌ごはん…………………130g
  └かたくり粉……………小さじ⅔
牛肩肉……………………30g
玉ねぎ……………………20g
  ┌しょうゆ………………小さじ⅔
b │砂糖……………………小さじ1
  └酒………………………小さじ⅓強
サラダ菜…………………1枚
1人分 305 kcal

❶aを混ぜて2等分し、バンズ形にまとめる。フッ素加工のフライパンで両面を焼く。
❷牛肉は5cm長さに切り、玉ねぎはせん切りにし、bで煮汁がなくなるまで煮る。
❸①で②とサラダ菜をはさむ。

主食
● あけぼのごはん茶漬け

ごはん……………………180g
焼きザケ（ほぐす）……20g
青じそ（せん切り）……1枚
いり白ごま………………小さじ⅔
しょうゆ…………………小さじ⅓
煎茶（抽出液）…………¾カップ
1人分 322 kcal

器にごはんを盛り、サケ、しそをのせる。上から煎茶をかけ、白ごまをふり、しょうゆを垂らす。

58〜59ページ 弁当の簡単な作り方 冷凍食品をじょうずに使ったお弁当

主食 ● ごはん

ごはん……………………220g
黒ごま……………………小さじ⅓
1人分 362 kcal

ごはんを弁当箱に詰め、黒ごまをふる。

主菜 ● ミックスベジタブルのつくね

ミックスベジタブル（冷凍）
……………………………15g
  ┌豚ひき肉………………45g
  │卵………………………少量
a │みりん…………………小さじ1
  │しょうゆ………………小さじ½
  └かたくり粉……………小さじ⅓
油…………………………小さじ¼
1人分 147 kcal

❶ミックスベジタブルは電子レンジ（600W）で30秒加熱する。

❷①とaをよく練り混ぜ、2等分して丸める。
❸フライパンに油を熱し、②を両面焼いて火を通す。

主菜 ●サクラエビ入り卵焼き

a
- 卵……1個
- だし……小さじ2
- 砂糖……小さじ⅔
- 塩……少量
- サクラエビ……小さじ1

油……小さじ¼
1人分 96 kcal

❶aをよく混ぜ合わせる。
②フライパンに油を熱し、①を流し入れ、厚焼き卵を作る。

副菜 ●洋風野菜のチーズ焼き

4種の洋風野菜（冷凍）…50g
とろけるチーズ……5g
パン粉……小さじ1
オリーブ油……数滴
1人分 41 kcal

❶冷凍野菜は電子レンジ（600W）で1分加熱し、水けをきる。
❷紙カップに①、チーズ、パン粉の順にのせ、オリーブ油をかけ、オーブントースターで焼く。

副菜 ●かぼちゃの茶きん絞り

かぼちゃ（冷凍）……30g
砂糖……小さじ⅔
牛乳……小さじ½強
くるみ……⅛個
1人分 38 kcal

❶かぼちゃは電子レンジ（600W）で2分加熱する。
❷熱いうちにつぶし、砂糖と牛乳を加えて混ぜる。
❸ラップに②をのせ、茶きんに絞って成形し、くるみを飾る。

副菜 ●ブロッコリーの梅肉おかかあえ

ブロッコリー（冷凍）……30g
梅肉・削りガツオ……各1g
しょうゆ……小さじ⅙
1人分 14 kcal

❶ブロッコリーは電子レンジ（600W）で1分加熱する。
❷梅肉は刻んで削りガツオとしょうゆと混ぜ、①をあえる。

副菜 ●ミニトマト

ミニトマト……2個
1人分 12 kcal

牛乳・乳製品
加糖ヨーグルト……120g
1人分 80 kcal

果物
りんご……50g
1人分 27 kcal

60ページ

中食・外食
中食アレンジ

ワカサギのから揚げアレンジ

主菜 ●ワカサギの南蛮漬け

ワカサギのから揚げ……60g

a
- 玉ねぎ……25g
- にんじん・ピーマン各10g

南蛮だれ
- しょうゆ・酢……各小さじ2
- 酒…小さじ⅗　砂糖…小さじ⅔
- 和風だしのもと・とうがらし……各少量
- 水……大さじ1

1人分 167 kcal

❶aはせん切りにし、から揚げとともにボールに入れる。
❷南蛮だれの材料を合わせて煮立て、あつあつを①にかける。

かぼちゃの煮物のアレンジ

副菜 ●パンプキンスープ

かぼちゃの煮物皮を除いて80g
牛乳……80g
生クリーム……大さじ1⅓
パセリ（みじん切り）……少量
1人分 248 kcal

かぼちゃの煮物はペースト状につぶし、牛乳と生クリームでときのばしながら温める。器に盛り、パセリをふる。

62ページ

料理をじょうずに冷凍して使う
冷凍庫を活用した時間短縮レシピ

主菜 ●チンジャオロース

a
- 豚もも薄切り肉……60g
- ゆで竹の子……25g
- ピーマン……½個
- 赤・黄ピーマン……各⅛個

オイスターソース・かたくり粉……各大さじ½
砂糖・しょうゆ……各大さじ¼
1人分 166 kcal

❶aは5cm長さ5mm幅の細切りにし、密封袋にすべての材料を入れてよく混ぜ、空気を抜いて密封し、冷凍保存する。
❷耐熱皿に移し、ラップをして電子レンジ（600W）で約2分加熱する。一度かきまわして再び約3分加熱する。

主菜 ●白身魚のマリネソテー

白身魚（カジキマグロ）…1切れ
塩・こしょう……各少量
玉ねぎ・赤玉ねぎ・レモン……各⅛個
ピーマン……½個
フレンチドレッシング大さじ1⅔
油・イタリアンパセリ…各適量
1人分 255 kcal

❶白身魚は塩とこしょうをふる。すべての野菜を薄切りにし、レモンは輪切りにする。
❷密封袋に①とドレッシングを入れてよく混ぜ、空気を抜いて密封し、冷凍保存する。
❸フライパンに油を熱し、②を凍ったまま入れてふたをし、中火で蒸し焼きする。器に盛り、イタリアンパセリを飾る。

主菜 ●イカのチリソース

イカ（むきエビでもよい）100g
しょうが・にんにく……各½かけ
ねぎ……¼本
豆板醤……小さじ¼
トマトケチャップ……大さじ2
砂糖・しょうゆ・かたくり粉……各小さじ½
1人分 146 kcal

❶イカは皮側に格子状の切り目を入れて松笠切りにし、10×3cmに切る。
❷耐熱容器にすべての材料を入れてよく混ぜ、冷凍保存する。
❸②のふたをはずしてラップをかけ、電子レンジ（600W）で2分加熱し、一度かき混ぜてさらに2分30秒加熱する。

98ページ

試合前の食事
試合前夜の夕食献立

ゆで豚の献立

主食 ●ごはん

ごはん……220g
1人分 338 kcal

主菜 ●ゆで豚（和風だれ）生野菜添え

豚ロース肉（かたまり）…70g

a
- ねぎ（葉先）……20g
- 酒……小さじ2
- しょうがの薄切り…1かけ分

キャベツ……30g
にんじん……20g
トマト……30g
パセリ……適量

和風だれ
- しょうゆ……大さじ⅚
- みりん……小さじ1弱
- おろしにんにく・おろししょうが……各少量

1人分 226 kcal

❶なべに豚肉とaと肉がかぶるくらいの水を入れて火にかけ、煮立ったら弱火にしてアクを除き、40分～1時間煮る。火を消し、ゆで汁につけたまま肉をさまして薄く切る。
❷キャベツとにんじんはせん切りにして混ぜ合わせる。トマトはくし形に切る。
❸①と②とパセリを盛り、たれの材料をひと煮して添える。

副菜 ●里芋のそぼろあんかけ

里芋……1個（60g）
だし……⅕カップ
鶏ひき肉……15g
油……小さじ¼

a
- だし……大さじ3
- 砂糖……小さじ⅔
- 酒……小さじ⅖
- しょうゆ……小さじ½

b
- かたくり粉＋水…各小さじ1

1人分 93 kcal

❶里芋は下ゆでし、さらにだしでやわらかくなるまで煮る。
❷ひき肉を油でいため、aを加えて煮、bでとろみをつけ、器に盛った里芋にかける。

副菜 ●にんじんサラダ

にんじん……50g
塩……適量
干しぶどう（半分に切る）…5g

a
- 塩……小さじ⅖
- こしょう……少量
- レモン汁……小さじ1
- オリーブ油……小さじ½

1人分 53 kcal

にんじんはせん切りにし、塩もみをして汁けを絞る。干しぶどうとともにaであえる。

汁物● **小松菜と油揚げのみそ汁**

小松菜……………………25g
油揚げ……………………1/8枚
だし………………………1カップ弱
みそ………………………小さじ2

1人分 48 kcal

❶小松菜は2cm幅に切る。
❷油揚げは短冊切りにする。
❸だしで①と②を煮、火が通ったらみそをとき入れる。

牛乳・乳製品
● **いちごヨーグルトドリンク**

a ┌ プレーンヨーグルト 100g
  │ いちごジャム…………20g
  └ レモン汁……………小さじ3/5
氷・ミント………………各適量

1人分 114 kcal

aを混ぜ合わせ、氷を入れたグラスに注ぎ、ミントを飾る。

果物
グレープフルーツ1/3個（75g）
1人分 29 kcal

99ページ
試合前の食事 試合当日の朝食献立
温泉卵の献立

主食● **おにぎり**

ごはん……………………220g
塩…………………………少量
焼き塩ザケ………………5g
削りガツオ＋しょうゆ…各少量
のり…………………全型1/10枚×2枚

1人分 351 kcal

❶ラップ2枚に軽く塩をふり、ごはんを2等分してのせる。
❷中央にサケとおかかをそれぞれのせ、ラップで包んでにぎり、のりを巻く。

主菜● **温泉卵**

卵…………………………1個
a ┌ だし……………………1/4カップ
  │ 酒・塩………………各少量
  └ しょうゆ……………小さじ1/6
菜の花（ゆでる）………1本
練りわさび………………適量

1人分 83 kcal

❶小なべに卵がつかる程度の湯を沸かし、沸騰したら火を消し、卵を入れてふたをし、15分おく。

❷aを合わせてひと煮する。
❸①を器に割り入れ、②をかけて菜の花とわさびを添える。

副菜● **ほうれん草とハムのいため物**

ほうれん草………………100g
ロースハム………………2枚（20g）
コーン（缶詰め）………20g
塩・こしょう……………各少量
油…………………………小さじ1弱

1人分 103 kcal

❶ほうれん草は5cm長さに切り、ロースハムは短冊切りにする。
❷油を熱してほうれん草の茎の部分とハムをいため、しんなりとなったら葉の部分とコーンを加えていため、塩とこしょうで味をととのえる。

汁物● **温めん入り汁物**

そうめん（乾）…………10g
だし………………………1カップ
おくら……………………1/5本
生しいたけ………………1/2個
花麸………………………2個
a ┌ 酒………………………小さじ2/5
  │ 塩………………………小さじ1/5
  └ しょうゆ……………小さじ1弱

1人分 47 kcal

❶おくらは小口切りにし、しいたけは薄切りにする。
❷花麸はもどして水けを絞る。
❸だしとaを合わせて煮立て、そうめんを半分に折って入れ、再沸騰したら①を加える。
❹しいたけに火が通ったら②を加えてわんに注ぐ。

牛乳・乳製品
● **バナナヨーグルト**

バナナ……………………50g
プレーンヨーグルト……100g
砂糖………………………小さじ1
ミントの葉………………適量

1人分 117 kcal

❶バナナは食べやすく切る。
❷ヨーグルトに砂糖を加え混ぜ、バナナとともに器に盛り、ミントを飾る。

果物
オレンジジュース………200g
1人分 84 kcal

計量カップ・スプーンによる重量一覧（g） 実測値

食品名	小さじ(5ml)	大さじ(15ml)	カップ(200ml)
水	5	15	200
だし	5	15	200
酢	5	15	200
酒	5	15	200
しょうゆ	6	18	230
みりん	6	18	230
みそ	6	18	230
食塩・精製塩	6	18	240
あら塩（並塩）	5	15	180
砂糖（上白糖）	3	9	130
小麦粉（薄力粉）	3	9	110
かたくり粉	3	9	130
粉ゼラチン	3	9	130
牛乳	5	15	210
生クリーム	5	15	200
ウスターソース	6	18	240
トマトケチャップ	5	15	230
マヨネーズ	4	12	190
カレー粉	2	6	80
乾燥パン粉	1	3	40
粉チーズ	2	6	90
ごま	3	9	120
油	4	12	180
オリーブ油	4	12	180
ごま油	4	12	180
バター	4	12	180
はちみつ	7	21	280
ジャム	7	21	250
胚芽精米・精白米	−	−	170

標準計量カップ・スプーンによる重量一覧（g） 目安量

食品名	小さじ(5ml)	大さじ(15ml)	カップ(200ml)
オイスターソース	6	18	−
濃厚ソース	6	18	−
チリソース	7	20	−
豆板醤	7	20	−
レモン汁	5	15	−
だしのもと類	3	9	−
ドレッシング類	5	15	−

監修・著	公益財団法人 日本体育協会	
	樋口　満	早稲田大学 スポーツ科学学術院 名誉教授
編・著	こばたてるみ	株式会社しょくスポーツ 代表取締役
	木村典代	高崎健康福祉大学 健康福祉学部 教授
	青野　博	公益財団法人日本体育協会 スポーツ科学研究室 室長代理
著(執筆順)	原　光彦	東京家政学院大学 現代生活学部 健康栄養学科 教授
	田口素子	早稲田大学 スポーツ科学学術院 教授
	鳥居　俊	早稲田大学 スポーツ科学学術院 准教授
	田中千晶	桜美林大学 健康福祉学群 准教授
	葦原摩耶子	神戸親和女子大学 発達教育学部 ジュニアスポーツ教育学科 准教授
	鈴木志保子	神奈川県立保健福祉大学 保健福祉学部 栄養学科 教授
	濱田広一郎	大塚製薬株式会社 研究開発本部 佐賀栄養製品研究所 所長
	伊藤静夫	一般財団法人東京マラソン財団

●日本体育協会は、2018年4月1日から日本スポーツ協会に名称を変更しました。

献立作成　こばたてるみ
栄養計算　木村典代

料理・スタイリング　美才治真澄
撮影　鈴木正美（studio orange）
　　　相木　博（26〜28㌻、52㌻、61㌻）
ブックデザイン　横田洋子
表紙イラスト　横田洋子
本文イラスト　木本直子
校正　くすのき舎

DVD制作　株式会社フリーク・セブン

●本書は、2006年から2008年に財団法人JKAによる「競輪公益資金」の補助を受けて実施した「小学生を対象としたスポーツ食育プログラム開発に関する調査研究」をもとに編集・制作しました。

小・中学生のスポーツ栄養ガイド
スポーツ食育プログラム

2010年3月20日　　初版第1刷発行
2019年7月10日　　初版第7刷発行

監修　公益財団法人 日本体育協会・樋口　満
編　こばたてるみ・木村典代・青野　博

発行者　香川明夫
発行所　女子栄養大学出版部
　　　〒170-8481　東京都豊島区駒込3-24-3
　　　電話　03-3918-5411（営業）　03-3918-5301（編集）
　　　振替　00160-3-84647

印刷所　凸版印刷株式会社

本書の内容の無断転載・複写を禁じます。
乱丁本、落丁本はお取り替えいたします。
ISBN 978-4-7895-5131-1
© Japan Sports Association,Higuchi Mitsuru,Kobata Terumi,Kimura Michiyo,
Aono Hiroshi 2010, Printed in japan